AF226779

MÉMOIRE

SUR

LES ZÉOLITHES

DE L'AUVERGNE

MEMOIRES DU MÊME AUTEUR

sur l'Auvergne.

1° *Note sur deux variétés cristallines de la Fluorine de la Roche-Cornet* (Puy-de-Dôme) 1869.

2° *Note sur l'Alunite du Mont-Dore* (Puy-de-Dôme) 1869.

3° *Minéralogie du département du Puy-de-Dôme*, 1870 1 vol. in-8°.

4° *Une excursion dans la Haute-Loire.* — Notice sur une concession de Minerai de Plomb à Monistrol-sur-Allier. 1871.

5° *Sur les Dolérites de la Chaux de Bergonne et sur les Zéolithes qu'elles contiennent* 1871. (Extrait des Comptes-rendus de l'Académie des Sciences, tome LXXIII. — 18 décembre 1871.)

6° *Note sur divers Minéraux du département du Puy-de-Dôme* 1872.

MÉMOIRE

SUR

LES ZÉOLITHES

DE L'AUVERGNE

PAR F. GONNARD

INGÉNIEUR CIVIL

Ancien élève de l'École centrale des Arts et Manufactures
Membre correspondant des Académies de Clermont-Ferrand et de Mâcon
Membre de la Société Géologique de France
Membre de l'Association française pour l'avancement des Sciences

25 Juillet 1873.

CLERMONT-FERRAND

DUCROS-PARIS, IMPRIMEUR-LIBRAIRE
Rue Saint-Genès, 5

—

1873

A M. J. BOUILLET

Hommage respectueux d'un minéralogiste auvergnat.

F. GONNARD.

INTRODUCTION.

L'ouvrage que je viens présenter aujourd'hui à l'approbation de mes compatriotes, se compose de deux parties :

La première est surtout bibliographique et critique ;

La seconde a trait aux diverses hypothèses émises sur la genèse de ces hydrosilicates alumineux que les minéralogistes désignent sous le nom de *zéolithes*, et se termine par la revue des espèces de ce groupe naturel, réellement reconnues jusqu'à ce jour dans le département du Puy-de-Dôme, l'indication de leurs gisements principaux et de leurs associations à ces gisements.

L'examen, par ordre de leur date de publication, des ouvrages des auteurs qui ont traité de ces matières, a nécessairement amené quelques redites ; le minéralogiste ne les trouvera peut-être pas complètement inutiles ; car les indications ou descriptions données par ces divers auteurs s'éclairent et se complètent l'une par l'autre, ayant chacune leur caractère, et, par suite, leur intérêt particulier.

Parmi ces divers ouvrages, au reste, la plupart n'offrent que des généralités ; et il n'y a guère que dans la *Topographie minéralogique* de M. Bouillet, que l'on rencontre des indications nombreuses et précises, qui aient, en un mot, une certaine valeur scientifique, touchant les espèces minérales du département du Puy-de-Dôme et leurs gisements.

L'examen minutieux que j'en ai fait a été, çà et là, accompagné de quelques critiques de détail ; mais nul, autant que moi, ne rend hommage à l'infatigable collaborateur de M. Lecoq, à l'homme qui, plus encore, peut-être, que ce géologue a contribué à faire connaître à la France les richesses naturelles de l'Auvergne ; et la dédicace que je lui fais de cet opuscule est, je pense, la meilleure preuve, si humble que soit l'offrande, de mes sentiments de respect pour ce savant géologue et historien.

Aussi, à part quelques points sur lesquels il y aurait matière à explication, son petit livre, *la Topographie minéralogique du département du Puy-de-Dôme*, est-il le meilleur *vade-mecum* des touristes géologues dans nos montagnes !

Puisse mon présent mémoire sur les zéolithes d'Auvergne, offrir à ceux-ci le même attrait ; je ne me souhaite rien de mieux ; et si, comme M. Bouillet, j'ai été utile, ne fût-ce qu'à un petit nombre, je suis content ; je n'aurai pas perdu le temps que j'ai employé à l'écrire.

Lyon, le 25 juillet 1873.

F. GONNARD.

DES ZÉOLITHES

DE LEURS ASSOCIATIONS, DE LEURS GISEMENTS

ET DE LEUR FORMATION

DANS LES LAVES ANCIENNES DE L'AUVERGNE

(Département du Puy-de-Dôme)

Parmi les familles minérales naturelles, une des plus intéressantes, sans contredit, est celle des zéolithes, tant à cause de la parenté évidente des espèces qui la composent, qu'au point de vue de la formation de ces minéraux, dont le gisement, pour l'Auvergne du moins, parait être à peu près exclusivement restreint aux laves anciennes, dolérites ou basaltes.

Décrites pour la première fois, en 1756, dans les mémoires de l'Académie royale de Suède, par le baron de

Historique.
Cronstedt, 1756.

Cronstedt, les zéolithes, ou plutôt la zéolithe, comme disaient les anciens minéralogistes, forment une classe assez nombreuse de minéraux, présentant ce double caractère commun, savoir : le premier, (d'où ils tirent le nom, dérivé du grec, que leur a donné Cronstedt) qui est de se gonfler et de bouillonner, quand on les soumet à la flamme du chalumeau ; le second, qui est de se dissoudre en faisant gelée, lorsqu'ils sont plongés dans un acide minéral, tel que l'acide chlorhydrique ou l'acide nitrique.

En général, une zéolithe est chimiquement constituée par la réunion de deux ou plusieurs silicates, plus une certaine quantité d'eau, variable, selon les espèces, de 8 a 22 % de leur poids. L'un de ces silicates est toujours à base d'alumine ; l'autre ou les autres sont à base de potasse, soude, chaux ou baryte. Si, à ces caractères principaux, on ajoute que la densité des zéolithes, à peu près constante, oscille entre 2, et 2,5 ; que leur dureté également peu variable, est comprise entre celle du feldspath et celle du spath fluor, ou de 3,5 à 5,5 d'après l'échelle de Mohs, sauf, pour l'une d'elles, la prehnite, la zéolithe la moins hydratée, et, par suite, la plus dure; enfin, que leurs couleurs sont généralement claires, on aura suffisamment défini un membre quelconque de cette famille. Pour différencier les espèces, il faudra avoir recours à la forme cristalline, généralement assez caractéristique ; et, en dernier lieu, à l'analyse chimique, pour des masses fibreuses ou aciculaires.

Les espèces reconnues, provenant du démembrement de l'ancienne zéolithe, sont au nombre de vingt, qu'on peut ranger comme suit, par exemple, d'après les types cristallins, auxquels elles appartiennent :

Analcime (1), \
Faujassite,   } cube.

Gismondine, \
Edingtonite,   } prisme quadratique.

Mésotype, \
Thomsonite, \
Christianite, \
Eudnophite,   } prisme rhomboïdal droit. \
Stilbite (2), \
Epistilbite, \
Prehnite (3),

Chabasie (4), \
Gmélinite,   } Rhomboèdre. \
Lévyne,

(1) Zéolithe dure.
(2) Zéolithe nacrée.
(3) Zéolithe du Cap.
(4) Zéolithe cubique.

Brewstérite,
Heulandite,
Harmotome, } prisme rhomboïdal oblique.
Scolésite,
Laumonite (1),

Mésolite . . . . prisme rhomboïdal bi-oblique.

Nota.—A cette nomenclature, M. Leymerie a joint l'apophyllite; mais cette introduction n'est pas acceptée par les minéralogistes, et l'apophyllite ne prend, dans cet opuscule, place, qu'à titre de minéral associé aux zéolithes.

Mémoire de M. Pazumot. 1776.

Le premier naturaliste qui paraît s'être occupé de la zéolithe, en France, est un académicien de Dijon, M. Pazumot. Ayant vu dans le cabinet de M. le président Ogier, notre ambassadeur en Danemarck, une collection de zéolithes de l'île Feroë, il reconnut entre les gangues de ces minéraux et les laves anciennes de l'Auvergne une certaine analogie, et crut pouvoir rapporter à la zéolithe une pierre d'aspect semblable, qu'il avait trouvée près du village de Volvic, à une lieue de Riom (Puy-de-Dôme), à un endroit connu sous le nom de la Pauzette de Marcouin, dans un basalte grumeleux. C'était sans doute de l'aragonite, si abon-

(1) Zéolithe efflorescente.

dante aux environs, et notamment à Châtelguyon ; car
M. le duc de la Rochefoucault, à qui elle fut remise,
l'ayant placée dans de l'eau forte, elle y disparut en se
dissolvant avec effervescence.

Néanmoins, M. Pazumot ne se découragea pas, et
finit, paraît-il, par trouver de la zéolithe dans le pépérine de la montagne de Gergovia, près de Clermont-F^d.

Il présenta alors, sur ce sujet, en 1776, à l'Académie
royale des Sciences, un mémoire, qui, d'après l'avis
du naturaliste Daubenton, et du chimiste Sage, nom-
més commissaires pour l'examen de ce travail, fut
jugé digne de l'impression.

A la même époque, Faujas de Saint-Fond décou-
vrait de la zéolithe dans les basaltes de Rochemaure,
près de Montélimar, faisait part de sa découverte à
diverses personnes s'occupant de sciences naturelles,
telles que l'abbé Bertholon, M. et Mme de Saussure, et
envoyait des échantillons à M. Sage, à M. le comte de
Milly, à Buffon. Ce dernier, dans son histoire des minéraux, dit, en effet, dans une note, à l'article zéolithe :
« On trouve des zéolithes à l'île de Feroë ; à celle de
Staffa, en Islande ; en Sicile, autour de l'Etna ; à
Rochemaure, dans les volcans éteints du Vivarais ; et
on en a aussi rencontré dans l'île de Bourbon. »

Quoiqu'il en soit de la priorité de la découverte de

la zéolithe en France, ce fut M. Pazumot qui la découvrit en Auvergne. Voici comment ce naturaliste s'exprime à cet égard, dans son mémoire sur la zéolithe: « Il n'y a qu'un seul des volcans que j'ai visités en Auvergne, qui ait fourni du pépérine ; c'est la fameuse montagne de Gergovia. Nous en avons trouvé, M. Desmarets et moi, quatre espèces principales : l'un est absolument terreux, et je n'en parlerai pas ; un autre contient des globules plus ou moins gros, qui sont des petites géodes blanches, cristallisées intérieurement ; le troisième contient, au lieu des géodes, une matière fort blanche disséminée dans la terre brûlée ; et le quatrième ne diffère du précédent, que parce qu'il contient, de plus, une espèce de terre argileuse, jaunâtre et mate. J'ai essayé dans l'acide nitreux ces trois dernières espèces. Les globules ou petites géodes, contenues dans l'un de ces pépérines, sont entièrement solubles, et par conséquent toutes calcaires.

« Quant à la matière blanche des deux autres, elle fait parfaitement la gelée dans l'acide. Frappé de cet effet, j'ai examiné mes pépérines avec la plus grande attention. Au simple coup-d'œil, il est facile de reconnaître une pâte blanche, mate et analogue à celle de la zéolithe ; mais, avec le secours de la loupe, on distingue aisément, surtout dans l'espèce qui ne contient point d'argile, la cristallisation en petits filets soyeux, qui

divergent en partant d'un centre, et qui sont si parfaitement semblables à ceux de la zéolithe, que je ne
puis hésiter à reconnaître cette reproduction pour la
vraie zéolithe. »

M. Pazumot ajoute plus loin : « Les pépérines de
Gergovia sont les seuls produits des volcans d'Auvergne, dans lesquels j'ai, jusqu'ici, découvert la
zéolithe. »

Remarquons, en passant, que ce minéralogiste n'a-
vait cependant pas à s'éloigner beaucoup de Clermont,
pour rencontrer les pépérines à ciment zéolithique. La
description du troisième pépérine de M. Pazumot s'a-
dapte, en effet, parfaitement au pépérine brunâtre à
ciment de mésotype, des environs de Dallet, près de
Pont-du-Château, catalogué sous le n° 54 de la collec-
tion-type de MM. Lecoq et Bouillet, et sous le n° 142 de
celle de M. V. Feuilhoux, naturaliste à Clermont.
Faujas de St-Fond a également publié un mémoire sur
la zéolithe; mais il y est à peine question des gisements
de l'Auvergne, et ce travail aurait, à cet égard, peu d'intérêt pour le minéralogiste qui s'occupe spécialement
de cette contrée, si ce naturaliste n'avait posé à la fin
de son mémoire des conclusions relatives à la formation
des zéolithes dans les pierres volcanisées, conclusions
sur lesquelles je reviendrai plus tard.

*Voyage
d'Auvergne,*
par
LeGrand d'Aussy
1788.

Dans le voyage d'Auvergne, par M. Le Grand d'Aussy, ouvrage paru en 1788, il est fait mention de la zéolithe, que l'on trouve, dit l'auteur, sur une masse basaltique, au sud-est de Gergovia, près du chemin par lequel les bestiaux montent de la plaine à la montagne. Elle présente, selon l'expression de Le Grand d'Aussy, l'aspect de filets soyeux et cristallisés en rayons divergents, comme une aigrette. Ce dernier, observateur superficiel d'ailleurs, ne donne pas d'autres indications que ces deux ou trois lignes, et passe outre.

Tel est le bilan des découvertes sur la matière, à la fin du siècle dernier. Les naturalistes se sont bornés à quelques observations sur Gergovia, tandis qu'à une heure, à peine, de là, sur le parcours même de la route de Clermont à Issoire, se trouvait le Puy de Marman, dont les basaltes et les tufs volcaniques devaient fournir ces beaux échantillons de mésotype, si répandus dans tous les cabinets de minéralogie ; les basaltes, notamment, y sont en effet, sur certains points de ce puy, si pénétrés de matière zéolithique, qu'ils passent parfois au basanite variolitique de Brongniart ; ils ne pouvaient donc échapper à la vue d'un observateur, même superficiel. Si ces gisements, si voisins, n'ont pas été découverts plus tôt, c'est qu'il est plus aisé de suivre les sentiers battus, que de tenter des recherches au hasard, et dans des excursions le plus souvent infructueuses.

Il faut arriver aux observations sur les volcans d'Auvergne, publiées l'an XI (1803), par l'abbé Lacoste de
Plaisance, pour retrouver quelques notes sur les zéolithes de ce pays. Malheureusement, ces observations
géologiques et minéralogiques, à dessein déjà très-
vagues (1), sont, de plus, accompagnées de notes enche-
vêtrées les unes dans les autres, et d'un style sentimen-
tal, médiocre spécimen de la littérature de cette époque ;
ces observations n'ont donc que fort peu de valeur scientifique. Toutefois, l'abbé Lacoste désignant quelques
gisements, je dois en donner la nomenclature, sauf à
discuter la valeur de ces indications.

« Je n'ai trouvé, dit-il, (*Observations,* pages 162 et
163), de la chabasie qu'à Montaudou, montagne dont la
cîme a été recouverte par la coulée de Charade, dont il
ne reste plus maintenant que quelques débris, et même
entièrement bouleversés (2). La mésotype est beaucoup
plus abondante ; elle existe, et en de grandes quantités,
dans les productions de certains volcans ; il est des laves

(1) L'abbé Lacoste, obéissant à un singulier sentiment, dissi-
mulait, autant que possible, à ses élèves et au public, la con
naissance des gisements qu'il avait découverts.

(2) Dans les errata placés à la fin de son livre, l'abbé Lacoste
remplace trois fois le mot de chabasie par celui de stilbite. On
ne peut s'empêcher de trouver ces errata assez étranges.

qui en renferment des amas considérables. Tantôt elle remplit la cavité dans laquelle elle se trouve, de manière qu'elle ne paraît former qu'une seule et même masse avec la lave, avec laquelle on la dirait comme pétrie ; tantôt elle y laisse des espaces vides plus ou moins grands. Presque toujours elle est cristallisée ; rarement est-elle amorphe. Quelquefois elle est dans un état de décomposition. On trouve de la mésotype dans les environs de Romagnat, du Broc, d'Ardes, de Murat, au puy de Marman, près de Monton, etc., etc. La chabasie et la mésotype sont connues des minéralogistes, sous le nom de zéolithe. Elles paraissent appartenir exclusivement aux coulées basaltiques ».

Je dois dire immédiatement qu'il n'y a guère que le puy de Marman, où les minéralogistes puissent aller, sans avoir trop de déceptions à redouter, et encore n'est-ce, que quand les nécessités d'entretien de la route amènent une exploitation momentanée du basalte de cette montagne.

L'auteur des *Observations sur les Volcans d'Auvergne* ajoute cinq à six pages de développement sur le mode de formation des zéolithes dans les laves anciennes ; j'y reviendrai.

De même que dans les *Observations*, le minéralogiste trouve fort peu de renseignements, et surtout de renseignements précis, dans les *Lettres minéralogiques et géologiques*. L'abbé Lacoste y annonce vaguement l'existence de la stilbite au Mont-Dore (voir la lettre n° 35, page 298).

Dans la 2ᵉ édition de son traité de minéralogie, publiée en 1822, Haüy fait à peine mention des zéolithes d'Auvergne, et à propos de mésotype, le seul minéral de cette famille, provenant du département du Puy-de-Dôme, qu'il cite, ne parle que de la variété aciculaire radiée, et semble ne pas connaître les beaux cristaux de la forme $mb^{1/2}$ et $mg^1b^{1/2}$.

Haüy donne comme gangues à la mésotype d'Auvergne un phonolite porphyrique et le basalte ; je n'ai connaissance d'aucun gisement de mésotype dans les phonolites du département du Puy-de-Dôme, et n'ai jamais vu de spécimens de ce minéral sur cette gangue, dans les nombreuses collections d'Auvergne, que j'ai examinées ; il y a évidemment erreur comme provenance d'échantillons.

En continuant de suivre l'ordre chronologique dans ces recherches, on arrive à la *Topographie minéralogique du département du Puy-de-Dôme*, dont l'auteur, M. Bouillet, a donné deux éditions, la première en 1828 et la seconde en 1854.

Cet ouvrage, qui est une sorte de dictionnaire en deux parties, la première des localités, la seconde des

espèces minérales, des roches et des eaux, constitue
la première bonne monographie minéralogique du
département du Puy-de-Dôme. Cependant, lorsque
M. Bouillet dit dans l'introduction de sa 2ᵉ édition :
« J'ai quelques raisons de penser qu'après 27 ans de
nouvelles recherches, cette édition sera considérée
comme assez complète, et qu'on y ajoutera peu de
faits nouveaux, » il est permis de croire que l'auteur
s'exprime avec un peu de complaisance pour lui-
même, et d'espérer que les minéralogistes et géologues
trouveront encore à glaner après lui.

M. Bouillet a d'ailleurs parcouru le pays, le sac sur
le dos, le marteau à la main, avec l'amour du clocher,
indispensable pour produire un bon travail de ce
genre ; il a étudié par lui-même, et en véritable minéralogiste, le sol du département du Puy-de-Dôme ;
mais il est aussi un érudit, et peut-être a-t-il quelquefois reproduit avec trop de respect les dires des
anciens !

La liste qu'il donne des gisements zéolithiques du
département (je parle tout de suite de la 2ᵉ édition)
est assez longue ; la voici, telle qu'on peut la relever,
suivant l'ordre alphabétique, dans la 1ʳᵉ partie de sa
Topographie.

1º Les basaltes de plusieurs plateaux des environs
d'Ardes ; ils contiennent des nodules d'aragonite et de

mésotype. (Cette indication, un peu vague, appartient
à l'abbé Lacoste);

2° La Tour de Boulade, dont le sommet basaltique
renferme de petits filons de mésotype, et quelquefois
aussi de l'analcime, et sur le versant méridional de
laquelle on rencontre, en même temps que plusieurs
variétés de chaux carbonatée, de beaux échantillons
de mésotype de la variété épointée (1);

3° Le pic de Buron, dyke basaltique renfermant des
nodules de mésotype, et parfois de la mésotype cristallisée. (Ce gisement offre peu d'importance);

4° Chantourgues et les Côtes, au nord et près de
Clermont. Le basalte, qui couronne ces masses calcaires, renferme parfois, selon M. Bouillet, des nodules

---

(1) L'auteur entend-il par cette dernière expression ce qu'en-
tendait Haüy, savoir la forme PMs de l'apophyllite, variété
provenant de l'Islande, (pma1 de M. Descloizeaux?). Je ne
le pense pas; car, l'apophyllite n'a jamais été indiquée au
gisement assez peu étendu de la Tour de Boulade, non plus que
dans aucun autre basalte d'Auvergne. Je ne l'y ai jamais rencontrée pour mon compte.

Il y a très-certainement erreur; et il est fort probable que
M. Bouillet désigne la variété assez rare mg1b1/2, ou même
mh1g1b1/2 de mésotype, dont la collection de M. Lecoq,
offre de très-beaux spécimens, portant, comme provenance,
sur l'étiquette, le nom de Parentignat, village voisin de la Tour
de Boulade.

de mésotype. C'est encore là, sans doute, un accident
assez rare ; je n'y ai, quant à moi, jamais trouvé que
de l'aragonite, et M. E. Laval, une autre zéolithe, dont
je parlerai ultérieurement ;

5° Le puy de Charade, au-dessus de Gravenoire. Le
même auteur, sans préciser autrement, dit que l'on
rencontre de la stilbite dans le basalte provenant de cette
coulée (1). Je ne sache pas d'ailleurs qu'aucun collec-
tionneur l'y ait trouvée, et ne l'ai vue nulle part ;

6° La rive gauche de l'Allier, entre Cournon et
Dallet. On observe, en effet, en descendant au Pont-du-
Château, une wacke à ciment zéolithique, dont j'ai
parlé précédemment à propos des pépérines de Gergovia
examinées par M. Pazumot. C'est, sans doute, le tuff
trappéen signalé par M. de Kleinschrod, en 1828, et
dans lequel le minéralogiste bavarois annonce avoir
trouvé de l'analcime ;

7° La montagne de Gergovia, qui semble avoir été
l'objectif à peu près unique des anciens minéralogistes,
et dont les basaltes en décomposition du sud et du
sud-est renferment, suivant la nomenclature de
M. Bouillet, de la chaux carbonatée de plusieurs variétés cristallines, de l'aragonite blanche, rose et mame-

(1) Il ne fait très-probablement que reproduire une assertion de M. l'abbé Lacoste.

lonnée de la mésotype, de la zéolithe, de la stilbite,
de la chabasie, etc. (1).

8° Les basaltes compactes du Broc, qui recèlent de
la mésotype (ce gisement a peu d'importance);

9° Les laves du puy de Louchadières, au point de
leur jonction avec celles du puy de Côme, près du
hameau de Péchadoire, Selon M. Bouillet, elles con-
tiendraient de la mésotype en cristaux très-petits. J'ai
même vu des échantillons de cette provenance dans
la collection de M. Fournet, à la Faculté des Sciences
de Lyon, ils portaient sur l'étiquette le nom de mésotype. Mais, ces cristaux, mis en contact avec un
acide minéral, se dissolvaient avec effervescence, et ne
sont autre chose que du calcaire ou de l'aragonite;

10° Le puy de Marman, composé de tuff calcaire, de

(1) Pourquoi cette intercalation du mot zéolithe au milieu
des autres mots, mésotype, stilbite, chabasie? Si ce n'est
point un lapsus, c'est évidemment une superfétation. Je dois
dire d'ailleurs que cette alléchante énumération de minéraux
est un peu trompeuse, et qu'aucune collection locale, même
celle de M. Lecoq, ne m'a jamais offert ni stilbite, ni chabasie; du moins, les échantillons, ainsi étiquetés, étaient mal
déterminés, et n'étaient, en réalité, que de l'apophyllite du puy
de la Piquette, ou des cristaux nacrés, plus ou moins con-
tournés de spath calcaire, du puy de Marman, de Montgrely,
ou d'autres provenances.

J'ai eu l'occasion de signaler ces erreurs au conservateur
du Musée Lecoq, M. Lamothe.

de tuff volcanique et de basalte, et dont les deux dernières de ces roches renferment, dit l'auteur de la
Topographie minéralogique, de la mésotype, de
l'analcime, de la chaux carbonatée et de la stilbite.

Ainsi que je l'ai déjà fait remarquer, le puy de Marman est célèbre par les magnifiques échantillons de
mésotype, qu'on y a trouvés, surtout dans le basalte,
lorsque cette roche a dû être l'objet d'une exploitation
suivie, pour la construction de la grande route qui con-
tourne le pied de cette montagne ; quelques-unes des
géodes de ce minéral ont offert des dimensions considérables, et, parmi les plus remarquables, on peut
citer celles qui ornent les collections Bouillet, Lecoq,
V. Fouilhoux, etc. On voit même, dans l'une des carrières, à mi-côte du puy de Marman, une cavité du
basalte, dont la dimension n'est pas moindre de 70 à
80 cen., et qui, sur quelques points, est encore tapissée
de cristaux de mésotype. L'analcime y est infiniment
plus rare, ou même n'y est qu'un simple accident ;
elle s'y présente sous forme de très-petits cristaux tra-
pézoédriques, d'un blanc légèrement nacré, tantôt translucides, tantôt presque opaques.

Quant à la stilbite, je suis autorisé à penser qu'elle
est, jusqu'ici, tout aussi problématique au puy de Marman qu'à Charade et à Gergovia ;

11° Le puy de Montaudou, dont j'ai déjà parlé à propos des observations, de l'abbé Lacoste, et où M. Bouillet indique de l'amphibole, de la calcédoine, de la chaux carbonatée cubique (1), et de la chabasie (2);

12° Le Mont-Dore, dans les basaltes duquel existeraient, selon le même auteur, de la tourmaline et de la stilbite. Sans parler du gisement improbable que ce minéralogiste attribue à la tourmaline, je pense que la stilbite n'existe guère plus, ou, tout au moins, n'a guère plus été rencontrée au Mont-Dore qu'au puy de Montaudou, à celui de Marman, à Charade et à Gergovia ; là encore, il y a vraisemblablement erreur (3). M. Bouillet ajoute que l'analcime existe également au Mont-Dore, mais plus particulièrement dans le basalte en décomposition. La collection de M. Lecoq offre, en effet, quelques spécimens assez nets de ce dernier minéral.

(1) Cuboïde serait plus exact.

(2) Je ne reviens pas sur cette dernière indication, qui est la reproduction simple de celle de l'abbé Lacoste.

(3) Au reste, M. Bouillet ne se serait-il pas borné à reproduire simplement l'assertion suivante de l'abbé Lacoste (*Lettres minéralogiques*. — Lettre n° 35, page 297) : Les diverses substances qui se trouvent dans les laves du Cantal, la calcédoine, la mésotype, le feldspath, le péridot, l'amphibole, le pyroxène, la tourmaline. le calcaire, le fer mamelonné, le cuivre, se trouvent aussi aux Monts Dore.

13° Le puy du Mur ou puy de Dallet, sur la rive droite de l'Allier, près de Pont-du-Château ; au sommet, à l'ouest et à l'est de Mezel, est un basalte avec des nodules de mésotype (basanite variolitique d'Alex. Brongniart). M. V. Fouilhoux catalogue également dans sa collection de roches et de minéraux du département du Puy-de-Dôme, une pépérite à ciment de mésotype, provenant du voisinage de Dallet, sur les rives de l'Allier, en y joignant cette note : *fait partie de grands amas tuffeux basaltiques, adossés aux formations calco-lacustres de la plaine de la Limagne;*

14° Murol, dont le château est bâti sur un pic de basalte, dans lequel on trouve parfois de la mésotype. Pour ce gisement, je dois dire encore que malgré l'examen attentif que j'ai fait de son basalte, je n'y ai rencontré que des concrétions calcaires très-facilement reconnaissables à leur effervescence avec les acides (1).

(1) On trouve même, et peut-être quelques observateurs s'y sont-ils trompés, on trouve sur le chemin qui conduit de Murol au lac Chambon, un basalte très-bulleux, noirâtre, et à pâte fine ; les cavités de cette lave renferment des nodules cristallins ou des cristaux très-déliés d'aragonite parfois un peu violâtre, ainsi que des globules de limonite à cassure concentrique, analogues à ceux qui tapissent les vacuoles des trachytes compactes noirâtres de la grande cascade au Mont-Dore, et à ceux des basaltes des environs de Rochefort.

15° Le Puy de la Piquette, au nord-ouest et près de Monton, sur la route du Cendre à St.-Amant-Tallende. Ce puy est un monticule composé de pépérite, traversé par des filons de basalte.

Il se trouve parfois, dans le tuf, des rognons d'un calcaire à friganes et à ampullaires, très-compacte et très-dur, qui renferment de la mésotype, ordinairement aciculaire, mais quelquefois aussi en cristaux assez gros; elle est accompagnée de petits cristaux octaédriques, simples ou modifiés par des troncatures sur les angles, limpides ou d'un blanc nacré, d'apophyllite, et même de cristaux de calcaire.

On a trouvé également dans ce pépérite du bois charbonné, dont l'écorce est remplacée par de la mésotype fibreuse, ayant la forme de petites plaques cristallines.

La connaissance de ce gisement, remarquable par son peu d'ancienneté, est due à M. le marquis de Laizer, et a été l'objet d'une petite note de M. Dufrénoy, insérée dans le tome IXe de la 3e série des *Annales des Mines*.

16° *Saint-Sandoux*. Au-dessus du château de St-Sandoux, au nord, s'élève un rocher formé de beaux prismes basaltiques, divergeant en éventail; on aperçoit quelquefois de la mésotype dans ce basalte. Je n'ai pas eu occasion de vérifier par moi-même cette assertion; mais, d'après des renseignements locaux et des échantillons que j'ai eus entre les mains, je pense que la mésotype n'est là qu'un accident très-rare.

Telle est la liste complète des divers gisements zéolithiques donnés par M. Bouillet dans sa *Topographie minéralogique du département du Puy-de-Dôme*.

Vues et coupes des principales formations géologiques du département du Puy-de-Dôme par H. Lecoq et J.-B. Bouillet 1830.

En 1830, MM. Lecoq et Bouillet publièrent un volume, avec planches, portant le titre : *Vues et coupes des principales formations géologiques du département du Puy-de-Dôme*, accompagnées de la description et des échantillons des roches qui les composent. Les auteurs donnent une description géologique succincte de trente-trois localités importantes du département, et la font suivre de celle des principales roches de chaque localité.

Dans cet ouvrage, qui n'est pas sans valeur, tant au point de vue de la composition générale qu'à celui de la sobriété du style et de la netteté des monographies des localités et des roches, les minéraux, et, parmi eux, les zéolithes, n'occupent qu'une place fort accessoire.

Néanmoins, les auteurs en font quelque mention. Ainsi, ils citent, entre autres, le basanite variolitique à globules de mésotype (n° 20 de leur collection), qui couvre le sud-ouest du plateau du puy du Mur; ils citent encore les gisements classiques du puy de la

Piquette et du puy de Marman. Au premier de ces puys, disent-ils, « des fragments de bois charbonné fossile, entourés d'une croûte de mésotype lamellaire, sont disséminés dans ce pépérite avec des morceaux de calcaire concrétionné, dont les cavités contiennent des cristaux de mésotype et de chaux carbonatée (1).

Ils font encore entrer dans leur catalogue le calcaire siliceux du puy de Marman (n° 29), calcaire dont les cavités seraient remplies de petits cristaux de dolomie, chabasie et stilbite (2).

Enfin, les auteurs décrivent le pépérite brunâtre, déjà cité, de la rive gauche de l'Allier, près de Cournon (n° 54) et le basanite scoriacé du puy de la Velle (n° 117), sur lequel je reviendrai.

« La chaux carbonatée, disent-ils, se trouve disséminée dans les cellules et dans les cavités de ce basanite, en petites masses arrondies, dont la surface paraît hérissée, à la loupe, d'un grand nombre de pointements. »

(1) Remarquons, en passant, que les auteurs ne parlent pas des cristaux d'apophyllite, qu'ils ont dû pourtant évidemment voir dans le pépérite bleuâtre et le calcaire à mésotype (n°ˢ 26 et 27) du puy de la Piquette.

(2) J'ai déjà fait une observation sur la nature de ces deux derniers minéraux.

L'abbé Lacoste avait déjà parlé de ce gisement; « à Gergovia, au Broc, au puy de la Velle, au puy de Coran, etc., etc., annonce cet auteur, la chaux carbonatée est très-abondante ; on l'y trouve cristallisée et dans un état amorphe. La cristallisée y est rare. A Coran, on trouve dans les laves des globules calcaires, formés de couches concentriques très-régulières ;....... à la Velle, j'ai trouvé des choses charmantes et d'une fraîcheur étonnante ; malheureusement, ces objets ne se conservent pas, ils se fanent et se détruisent aisément (1). »

Sur la relation des terrains tertiaires et des terrains volcaniques de l'Auvergne, par Dufrénoy. 1830.

Dans un mémoire d'une vingtaine de pages, publié dans le tome VII (2e série) des *Annales des Mines*, Dufrénoy s'est proposé d'étudier la relation des terrains tertiaires et des terrains volcaniques de l'Auvergne. Ce cadre serait évidemment trop restreint pour une étude complète des relations de ces terrains dans le seul département du Puy-de-Dôme ; aussi l'auteur ne fait-il guère mention que de quelques localités parmi les plus

(1) Et le bon abbé, fidèle à ses habitudes de style, croit devoir ajouter : « Pourquoi faut-il que, dans tous les genres, les belles choses soient celles dont l'existence soit la plus passagère et la plus fugitive ? La beauté ne paraît exister que pour donner des regrets, tant les jouissances qu'elle procure sont de courte durée ! »

à proximité de Clermont-Ferrand, savoir : de Gergovia, des côtes de Var et de Pont-du-Château.

On ne trouve donc, dans ce mémoire, que fort peu de choses ayant trait au sujet de mon travail.

A propos de Gergovia, Dufrénoy se borne à décrire la succession des couches marno-calcaires ou calcaires, des masses basaltiques et des wackes, que les deux ravins de Pradt et de Merdogne offrent au géologue, dans son ascension du plateau, et cite, dans ces dernières roches, l'existence de mésotype fibreuse et cristallisée.

L'itinéraire du département du Puy-de-Dôme, que firent paraître, un an plus tard, MM. Lecoq et Bouillet, ne donne aussi que fort peu de détails sur les zéolithes, et les auteurs de cet ouvrage mentionnent simplement trois d'entre elles, la mésotype, l'analcime et la stilbite, aux gisements déjà indiqués. Il n'y a de changé, on le voit, dans cette énumération que la chabasie, qui est remplacée par l'analcime.

Itinéraire du département du Puy-de-Dôme par Lecoq et Bouillet 1831.

Une série de mémoires remarquables, successivement publiés pendant les années 1857 et 1858, dans les *Annales des Mines*, par deux savants ingénieurs, MM. Daubrée et Delesse, trouve ici chronologiquement sa place, non au point de vue de l'indication de nouveaux gisements zéolithiques en Auvergne, ou même dans le département du Puy-de-Dôme, mais à

Mémoires de MM. Daubrée et Delesse. 1857 et 1858.

celui de l'origine des minéraux qui font l'objet de cette note. J'y reviendrai plus tard, et me contente de reproduire ici les titres de ces mémoires ; ce sont :

1° Les Observations sur le métamorphisme, et recherches expérimentales sur quelques-uns des agents qui ont pu le produire, par Daubrée, 1857 ;

2° Les Etudes sur le métamorphisme, par Delesse, 1857 ;

3° Le Mémoire sur la relation des sources thermales de Plombières avec les filons métallifères, et sur la formation contemporaine des zéolithes, par Daubrée, 1858.

Géologie des Volcans éteints du centre de la France, par G. Poulett-Scrope, 1re édit., 1827. Traduit sur la 2me édition, par E. Vimont. 1866.

En 1827, un géologue anglais, Poulett-Scrope, fit paraître un ouvrage sur la géologie des volcans éteints du centre de la France ; dans cet ouvrage, traduit en français, sur la 2me édition, par M. E. Vimont, (traduction parue en 1866), l'auteur ne parle guère, en fait de gisements zéolithiques, que du Puy de Marman ; mais il en donne la description détaillée que voici :

« La roche qui forme la plus grande partie du Puy de Marman est semblable à celle déjà décrite, *(pépérino calcaire traversé par des dykes verticaux de basalte)* ; c'est un pépérino composé de fragments basaltiques, de petites scories et de fins détritus volcaniques, mélangés avec des fragments de calcaire de différentes grosseurs,

le tout uni par un ciment calcaire. Les fragments calcaires prédominent sur le flanc ouest de la montagne
qui regarde le puy de Monton. Le côté opposé ou oriental consiste en une masse amorphe de basalte dur, compacte, d'un gris-bleu foncé, qui, sans doute, est venu
d'en bas à travers les couches sédimentaires calcaires.
Certaines parties de cette roche sont amygdaloïdes, étant
criblées de globules de mésotype compacte radiée, ce
minéral ayant rempli les cavités préexistantesde la roche.
Quand les cavités sont considérables, la zéolithe ne les
remplit pas entièrement, mais laisse voir un vide ou une
poche tapissée de cristaux très-brillants. Les échantillons de cette substance, qui proviennent de la colline qui
nous occupe, sont trop connus dans toutes les collections
minéralogiques, pour qu'il soit nécessaire de les décrire.
La variété la plus commune est celle qui consiste en
groupes radiés de gros prismes quadrangulaires terminés par une pyramide obtuse dont les faces correspondent aux côtés du prisme. De nombreux cristaux capillaires, semblables à du verre filé très-fin, y sont quelquefois joints, mais occupent plus souvent des cavités
séparées. (1) Les mêmes cristallisations se trouvent
dans les cavités du pépérino, aussi bien que dans celles

(i) L'auteur veut-il désigner par cette description la mésolite
ou la scolésite ?

du basalte ; d'autres présentent différentes variétés très-belles de spath calcaire. »

Les Époques géologiques de l'Auvergne, par H. Lecoq. 1867

Dans les nombreux ouvrages que M. Lecoq a publiés, soit seul, soit en collaboration avec M. Bouillet, sur la géologie de l'Auvergne, on ne trouve guère plus de renseignements sur la famille des zéolithes. On pourrait supposer que le dernier ouvrage du professeur de géologie de la Faculté de Clermont-Ferrand, les *Époques géologiques de l'Auvergne* (titre un peu ambitieusement emprunté à Buffon), contient tout au moins de nombreuses indications à cet égard ; il n'en est rien, et c'est à peine si, dans la minutieuse revue que l'auteur fait des coulées basaltiques ou doléritiques du département du Puy-de-Dôme, on découvre quelques vagues indications, que l'auteur ne parait nullement avoir cherché à préciser.

Ainsi (tome III°, page 381), à propos des terrains basaltiques et des minéraux qu'ils renferment, M. Lecoq se borne à ces quelques mots : « ...... ailleurs, ce sont de belles mésotypes en groupes ou en géodes, de l'analcime et quelques autres zéolithes peu développées. » (*Lesquelles ?*)

Il rappelle les recherches de M. Damour sur la mésotype (*Bulletin de la Société Géologique de France, 2me série, tome IV, page 548*). expliquant comment ce minéral a pu se former avec les éléments des roches volcaniques, et peut être considéré comme un ryacolithe hydraté. Mais, plus loin, M. Lecoq, mentionnant les eaux minérales amenées au jour en Auvergne par les éruptions basaltiques, semble abandonner cette hypothèse de la genèse de la mésotype, et dit : « Nous ignorons si l'on ne pourrait pas attribuer à ces éruptions, au moins en partie, les zéolithes. » Ce géologue reproduit la même idée à propos des géodes de mésotype des pépérites éruptives du puy de Monton.

D'une manière générale, d'ailleurs, M. Lecoq traite avec une certaine insouciance la minéralogie, tendance assez générale chez beaucoup de géologues. En donnant sa théorie du Mont-Dore, tome IIIe, page 287, « Jusqu'en 1802, dit-il, on ne s'était préoccupé de ce groupe de montagnes qu'au point de vue minéralogique, pour y chercher des cristaux de feldspath, do fer oligiste ou des globules de soufre natif dans le trachyte alunifère du ravin de la Craie. De Buch vit le Mont-Dore sous un point de vue très-différent, et plus élevé. »

L'indifférence de l'auteur des *Epoques géologiques de l'Auvergne*, n'est pas moindre dans d'autres circonstances, par exemple, dans cette description, tome IIIe, page 448 : « Le basalte du plateau de Messeix est en partie décomposé ; il est d'un gris bleuâtre, rempli de vacuoles, et tout pénétré de petits cristaux blancs, très-minces, dont on voit la tranche dans les cassures fraîches, et qui rappellent les trachytes que l'on trouve au Mont-Dore, près de la banne d'Ordenche. » Que sont ces cristaux ? pas un mot à cet égard.

On rencontre encore (tome IVᵉ, page 67), à propos des dolérites zéolithifères de la chaux de Bergonne, cette phrase : « On distingue dans l'intérieur de cette roche un grand nombre de petits globules blancs, qui sont de la chaux carbonatée ou de la mésotype. » Le lecteur ne sait comment entendre la conjonction ou. En outre, ces globules n'appartiennent ni à l'une ni à l'autre de ces espèces, mais bien à la variété de thomsonite, qu'on nomme *mésole*, comme je l'indique dès à présent, sauf à y revenir plus tard.

Ces deux exemples, que je pourrais faire suivre d'un certain nombre d'autres, suffisent à faire comprendre que le minéralogiste ne doit pas s'attendre à trouver dans *Les Epoques géologiques de l'Auvergne* une étude bien minutieuse des espèces minérales, et, parmi elles, des zéolithes du pays ; cet ouvrage n'est autre chose qu'une vaste compilation, médiocrement digérée, où l'on rencontre les lambeaux des publications antérieures de l'auteur, telles qu'il les avait déjà conçues et exposées, dès 1830, reliées à de nombreux extraits de monographies géologiques du Puy-de-Dôme ou des départements voisins, c'est-à-dire des mémoires de Dalmas, Constant Prévost, Grüner, Bertrand Roux (ou de Doue), Bouillet, Tournaire, etc.

En 1869, a paru, dans le Neues Jahrbuch, un intéressant mémoire (180 pages avec 2 planches) de M. A. de Lasaulx, professeur à Bonn, sur les roches volcaniques de l'Auvergne. Dans cet ouvrage, l'auteur se livre à de nombreuses recherches minéralogiques et microscopiques, qu'il complète par des analyses chimiques (au nombre de 32), des principales roches laviques et trachytiques du département du Puy-de-Dôme, laves de Gravenoire, de Louchadière, de Pariou, de la Nugère, etc., trachytes de Durbize, Rigolet-Haut, phonolites de la Sanadoire, porphyres augitiques de la Croix-Morand, obsidiennes, perlites, etc., du Mont-Dore. M. de Lasaulx constate l'existence de matières zéolithiques dans les pores du porphyre augitique de la Croix-Morand (1) ; il retrouve les mêmes matières dans les laves doléritiques du puy de Côme et de Gravenoire (2). Ces observations sont absolument nouvelles.

Petrographische studien an den vulcanischen gesteinen der Auvergne,
par
A. de Lasaulx
(Neues Jahrbuch.)
1869.

(1) Die zahlreichen kleinenporen des gesteins sind mit einer grauweissen zeolitischen masse (Natrolith) erfüllt, die in Krystallinischen Überzügen die Wandungen bedeckt.

(2) Der mesotyp, ..., findet sich am

De l'examen critique des ouvrages des divers auteurs qui ont écrit sur la géologie et la minéralogie de
l'Auvergne (département du Puy-de-Dôme), il résulte
que les membres réellement reconnus de la famille
zéolithique, se réduisaient à quatre : l'analcime, la
mésotype, peut-être la chabasie, auxquelles il convient
d'ajouter la scolésite. L'analyse de la mésotype d'Auvergne, de Guillemin (*Ann. des Mines*, 1re série, 12,
1826), analyse rapportée par M. Dufrénoy (*Traité de
Minéralogie*, tome IVe, page 148), convient, en effet,
non à la mésotype, mais bien à la scolésite. Les analyses ci-dessous font ressortir les différences :

	SCOLÉSITE	MÉSOTYPE
	(Analyse de Guillemin)	(Analyse de Fuchs)
Silice	49,00	48,17
Alumine	26,50	26,51
Chaux	15,30	0,17
Soude	0,00	16,12
Eau	9,00	9,13
TOTAL	99,80	100,10

L'échantillon analysé par Guillemin, n'ayant pas de

Gravenoire in grosseren krystallen, sonst nur in kleinen,
radialfasrigen puncten als ausfüllung der poren in verschiedenen Laven.

désignation spéciale, peut provenir de Marman, comme paraîtrait l'indiquer la description de Poulett-Scrope, et l'expression de : « cristaux capillaires semblables à du verre filé très-fin » dont il se sert, pour désigner les masses aciculaires qui accompagnent parfois la mésotype de ce puy ; mais il se pourrait aussi qu'il provint de la Tour-de-Boulade. M. Lecoq, en effet, en décrivant les environs d'Issoire, parle de cette localité (*Epoques géologiques*, tome IVe, page 55) et d'un étroit filon basaltique, dans lequel on a trouvé des nodules magnifiques de mésotype aciculaire. J'en ai trouvé moi-même à ce gisement, dont l'éclat vitreux était beaucoup plus marqué que celui de la mésotype de Marman. Et le caractère même de la scolésite est, comme son nom l'indique, d'être en masses aciculaires ou capillaires radiées.

En août 1869, ainsi que j'ai eu l'honneur de le communiquer à la Société d'Agriculture de Lyon, par une note lue en séance du 19 novembre de la même année, dans une excursion que je fis au puy de Marman, je pus me procurer un certain nombre d'échantillons de mésotype, par suite de l'exploitation momentanée d'une carrière de basalte pour l'entretien de la route de Clermont-Ferrand à Issoire.

Parmi ces échantillons, cinq ou six de ceux qui

étaient nettement cristallisés, me parurent ternes, altérés, comme s'ils eussent été un instant plongés dans un liquide acide, et retirés presque aussitôt, de telle sorte que l'attaque n'eût pu se produire qu'à la surface.

Sur deux de ces groupes de cristaux, d'autres cristaux plus petits, très-adhérents aux premiers, formaient des macles pouvant atteindre jusqu'à 3^{mil} de diamètre; ils sont très-nets, à facettes miroitantes, et présentent tout d'abord l'aspect d'un dodécaèdre rhomboïdal. Ces cristaux, fusibles avec bouillonnement au chalumeau, et faisant gelée avec les acides, appartiennent à l'espèce christianite ou phillipsite (1).

Quoiqu'il en soit, la christianite n'avait pas été signalée jusqu'à ce jour en France, et venait s'ajouter au tableau des espèces minérales connues en Auvergne.

Pourtant, ce fait n'avait pas dû être un fait isolé, et il avait dû se rencontrer à Marman des échantillons analogues aux miens; mais, comme on ne recherchait que de la mésotype à ce gisement, et que ces échan-

(1) Je dois dire que la détermination en est due à M. Pisani, et que, trompé par l'aspect dodécaèdrique des cristaux, qui sont des prismes carrés avec pyramides posées sur les angles, et dont les pyramides sont rapprochées, j'avais cru d'abord à une espèce nouvelle.

tillons étaient ternes, on les avait négligés, soit qu'on n'eût pas remarqué ces cristaux, soit que, les ayant observés superficiellement, on se fût trompé sur leur nature.

Les autres groupes de cristaux appartenaient à la phacolite (variété de chabasie maclée), espèce également non signalée, ou, tout au moins, fort douteuse aux gisements indiqués jusque-là dans le département du Puy-de-Dôme.

Pénétré de l'idée que ce fait devait se généraliser, et désireux de poursuivre en Auvergne des recherches sur les actions de métamorphisme exercées et subies par les roches éruptives, trachytes, basaltes, dolérites, laves, etc., sur les roches de sédiment, argiles, calcaires, etc., je résolus de faire des excursions sur les terrains basaltiques de la vallée de l'Allier. Je commençai par les environs d'Issoire, et tout d'abord par le vaste plateau de la Chaux de Bérgonne, où la dolérite s'est épanchée sur le calcaire. La description que donne M. Lecoq (*Epoques géologiques de l'Auvergne*, tome IVe, pages 67 et suivantes) de la dolérite amygdaloïde, me fit penser que je pourrais rencontrer autre chose que de la chaux carbonatée ou de la mésotype. Je ne fus pas déçu de mes espérances. J'avais eu d'ailleurs, de M. H. Fouilhoux, naturaliste à Clermont-

Ferrand, des renseignements précis sur le gisement que j'allais visiter.

Le résultat de cette excursion fut la découverte d'une triple association de zéolithes, la christianite ou phillipsite, la phacolite et le mésole (variété de thomsonite globulaire) dans les vacuoles des dolérites de ce plateau, au point de leur contact avec les calcaires subordonnés.

Ce résultat a été consigné, en résumé, dans une note insérée aux comptes-rendus de l'Académie des Sciences, le 18 décembre 1871, et, plus en détail, dans une note publiée dans les *Annales de la Société d'Agriculture de Lyon* (15 décembre 1871).

Le gisement se trouve à l'extrémité du plateau de la Chaux de Bergonne; on y arrive en une heure à peine de Saint-Germain-Lembron, en suivant la route de ce chef-lieu de canton à Issoire, jusqu'après avoir passé le premier ponceau après le pont du Lembronet, et en gravissant directement la côte par un sentier assez abrupte entre les vignes. Arrivés sur le plateau, le géologue et le touriste éprouvent un vif sentiment d'admiration pour le panorama qui s'offre à leurs regards; l'Allier roule paisiblement ses flots dans la vallée, suivant une direction sinueuse sensiblement parallèle à celle de la route d'Issoire à St-Germain-Lembron, et du chemin de fer d'Issoire au Breuil. En face du spectateur, de l'autre côté du fleuve, se dressent les ruines du vieux château de Nonette ; à l'est, celles d'Usson, le séjour de Marguerite de Valois ; au sud, celles de Vichel et de Chalus ; à l'ouest, celles de Vodable. Une multitude de villages, le Broc, Bergonne, Solignat, Antoing, Mareugheol, Villeneuve, Chalus, etc., pittoresquement placés sur les sommets ou les flancs chargés de vignes de tous ces plateaux, étalent au loin leurs maisons en amphithéâtre ; tout ce pays est riche, et, si le géologue était tenté de se plaindre de ce qu'une végétation luxuriante lui dérobe la vue du sol, l'admiration qu'il éprouve étoufferait bientôt ce sentiment. Dès le bas de la côte de Bergonne, on rencontre des blocs de dolérite compacte, et renfermant des concrétions calcaires assez abondamment répandues dans la roche. Mais, lorsqu'on arrive en face du chemin conduisant au village de Ci gnat, la roche change de nature et d'aspect, et passe à une amygdaloïde noirâtre et parsemée çà et là de fragments cristallins rougeâtres de limbilite (péridot altéré). Les vacuoles de cette roche sont tapissées de concrétions cristallines d'un blanc mat, ou limpides, sur le fond desquelles se détachent tout d'abord des globules de la grosseur d'un petit pois, également d'un blanc mat, et parfois comme cireux, offrant, dans la cassure des rayons fibro-lamellaires divergents. Ces globules, isolés souvent, mais parfois aussi rapprochés en concrétions continues, je les ai reconnus pour appartenir au mésole (féroélite, variété de thomsonite). Leurs caractères sont très-nets d'ailleurs ; la densité de ce mésole, prise sur des fragments purs de tout mélange et d'égale grosseur, est de 2,256, un peu moindre que celle du mésole des Feroé, qui est de 2,35 à 2,40. Peut-être cela tient-il à une légère différence dans la composition chimique. Le mésole de Bergonne contient, en effet, un peu plus d'eau que celui des Feroé, comme l'indiquent les analyses suivantes :

	MÉSOLE DE BERGONNE.	MÉSOLE DES FEROÉ.
	(Analyse de Pisani.)	(Analyse de Berzélius.)
Silice	42,30	42,60
Alumine	28,10	28,00
Chaux	10,00	11,43
Soude	6,70	5,63
Potasse	traces	»
Eau	14,10	12,70
Total	101,20	100,36

M. Pisani a reconnu au spectroscope des traces de potasse dans le mésole d'Auvergne.

Cette analyse donne les proportions suivantes d'oxygène :

		Rapports.
Silice....	22,56	5
Alumine....	13,09	3
Chaux....	2,86	
Soude....	1,73	4,59 ... 1
Eau....	12,53	2,75

Ce qui conduit à la formule assez approchée que voici, pour représenter le mésole d'Auvergne :

$$3\,\ddot{A}l\,\ddot{S}i + \overset{3}{R}\,\overset{2}{S}i + 8\,\dot{H}$$

Outre les globules de mésole, la dolérite amygdalaire de la Chaux de Bergonne renferme encore de petits cristaux translucides, à éclat vitreux, de phacolite (variété de chabasie maclée), et, enfin, une troisième espèce, la phillipsite en groupes de macles également translucides. Cette dernière zéolithe paraît être la moins abondante de ces trois espèces. Les premiers cristaux de phillipsite que j'avais trouvés étaient très-petits, visibles seulement à la loupe ; depuis j'en ai rencontré d'assez gros, pour pouvoir être facilement reconnus au premier coup d'œil. La phillipsite de Bergonne rappelle la variété de Capo-di-Bove. Ce nouveau gisement zéolithique est remarquable au point de vue de cette triple association d'espèces, dont l'une, le mésole, n'avait pas été signalée en France, et, les deux autres, indiquées une première fois ensemble, par moi, au

puy de Marman; il l'est encore au point de vue de
l'étendue du gisement, qui permet au minéralogiste
de se procurer, sans beaucoup de peine, de beaux
échantillons.

Ce succès m'engagea à faire une excursion dans une
localité peu éloignée de là, au puy de la Velle, près de
la petite ville de Champeix. Comme je l'ai précédemment indiqué, l'abbé Lacoste, MM. Lecoq et Bouillet
ont parlé de ce gisement. Voici la description qu'en
donne M. Lecoq dans ses *Epoques géologiques* (tome
IIIe, pages 535 et 536) : C'est une grande montagne
allongée, assez escarpée, et offrant à la fois un plateau
et des points éruptifs ; elle est placée sur calcaire et
tout entourée de pépérites, au milieu desquelles on
remarque des points d'éruption. Le basalte ne s'y présente pas partout avec le même aspect. Lorsqu'en
arrivant à l'est de la montagne, on quitte le terrain
tertiaire pour entrer sur le sol volcanique, on voit
d'abord le basalte en prismes irréguliers, dont les
sommets sont saillants et disposés en espèces de gra-
dins, jusqu'aux deux tiers au moins de la hauteur de
la montagne. A cette élévation, le basalte change de
nature ou au moins d'aspect, et se présente en prismes
énormes, très-nets et assez réguliers, lesquels forment
au sommet une espèce d'escarpement, que l'on aperçoit

de très-loin en arrivant à l'est. Sur plusieurs points du puy de la Velle, et principalement vers la base, on trouve des boules de basalte, dont les unes sont très-compactes, tandis que les autres se délitent très-facilement ; elles renferment pourtant un noyau solide, et contiennent quelquefois de l'aragonite. On reconnaît dans toute cette masse basaltique une tendance à prendre la forme arrondie.

« Quand on parcourt le sommet du puy de la Velle, on rencontre çà et là, des scories qui deviennent plus fréquentes en allant vers le sud-est du plateau. Elles prennent une couleur rouge, et l'on arrive enfin vers un point qui ne laisse aucun doute sur la présence d'une bouche éruptive. Ces scories ont quelquefois leurs cellules remplies de carbonate de chaux ou d'aragonite. Ces minéraux se trouvent disséminés dans les vacuoles en petites masses arrondies, dont la surface paraît hérissée (à la loupe) d'un grand nombre de pointements. Rarement la chaux carbonatée remplit totalement ces cellules ; mais elle en tapisse les parois. Toutes les scories ne renferment pas de calcaire ; celles qui en contiennent forment des masses plus ou moins volumineuses, dispersées sans aucun ordre. Si l'on descend de la montagne du côté où ces scories sont abondantes, on les voit diminuer sensiblement à mesure que l'on

4

s'éloigne du centre éruptif de la Velle, et l'on finit enfin par retrouver les boules de basalte.

« Le plateau de la Velle présente, en outre, plusieurs éminences sur lesquelles sont des scories bien caractérisées. On y voit beaucoup de pépérites et des scories agglutinées en couches inclinées, lesquelles sont très-régulièrement stratifiées. C'est principalement à l'ouest que l'on peut les observer ; et si l'on descend vers le village de la Velle, on voit successivement la superposition du basalte au terrain tertiaire, et le point de contact de celui-ci avec le granite sur lequel la Couse d'Issoire roule ses eaux. »

Le puy de la Velle est à 2 ou 3 kilomètres de Champeix ; l'excursion n'est donc pas pénible. Du sommet du plateau on domine la vallée verdoyante de la Couse d'Issoire ; à l'est, on aperçoit les côtes de Pardines, illustrées par les travaux de l'abbé Croizet, d'Auguste Bravard et de Jobert ; au nord-est, la masse énorme du plateau de Corent ; au nord-ouest, la chaîne des Monts-Dômes, et à l'ouest, les cimes blanchissantes du pic de Sancy, le géant des monts Dore.

Nous parcourûmes entièrement le puy de la Velle, mon frère et moi, dans l'espoir de retrouver, comme à la Chaux de Bergonne, des indices de zéolithes dans les diverses roches qui composent la montagne. Les flancs méridionaux du puy ne nous en offrirent aucune

trace ; ils sont surtout remarquables par la grande
quantité et la grosseur des bombes volcaniques qu'on
y rencontre (1).

C'est du côté du village de Clémensat, côté ouest
qu'à mi-côte, on rencontre un basanite scoriacé renfermant les concrétions calcaires dont parlent Lecoq
et Lacoste.

C'est aussi à cette exposition que mon frère remarqua
un basalte amygdalaire, à pâte grisâtre, excessivement poreuse, parsemée de fragments rougeâtres de
limbilite, et imbibée en quelque sorte de matière
zéolithique, ce qu'on voit facilement à la loupe.

Deux espèces existent dans les vacuoles de ce basalte,
nettement distinctes l'une de l'autre ; l'une formée de
cristaux très-petits, brillants, translucides, qui appartiennent à la phillipsite, et ressemblent à celle de
Bergonne ; l'autre constituant des géodes à concrétions
aciculaires radiées que j'ai rapportées à première vue à
la mésolite, opinion ultérieurement confirmée par les
essais de M. Pisani.

La nature zéolithique de ces concrétions se différencie

(1) J'en ai mesuré une, entre autres, parfaitement conservée,
ayant à peu près la forme exacte d'un ellipsoïde, et dont les
trois axes offraient des dimensions de 1 mètre 90 centimètres,
90 centimètres, 40 centimètres, soit un volume approximatif
d'un tiers de mètre cube, et d'un poids d'environ 1000 kilos.

nettement de celles des concrétions calcaires que renferment les scories, à l'aide d'une goutte d'acide
nitrique, qui détermine sur ces dernières une vive
effervescence, tandis que, sur les premières, elle n'a
pas d'effet immédiat apparent.

J'ai reçu plus tard de mon ami, M. Edmond Laval,
que j'avais prié de faire une excursion au puy de la
Velle, quelques échantillons d'un basalte très-compact,
noirâtre, pauvre en péridot, et renfermant çà et là des
nodules de matière zéolithique. Dans quelques-uns de
ces nodules, je retrouvai des cristaux nets de phillipsite.

Le puy de la Velle est ainsi le troisième gisement de
cette dernière zéolithe, que j'ai observé dans le département du Puy-de-Dôme.

Découverte par MM. E. Laval et F. Gonnard au cap de Prudelles (1872), d'une double association de zéolithes, laumontite, et christianite, dans le basalte.

Mais de nouvelles recherches faites par M. E. Laval
et moi, nous ont fait étendre encore la liste des
gisements de phillipsite dans les roches laviques
anciennes de l'Auvergne.

Sur la fin d'août dernier, nous fîmes, en effet, une
excursion au cap de Prudelles, cette sorte de corniche
noire, comme l'appelle M. Lecoq, qui domine l'ancienne voie romaine de Villars. Nous nous arrêtâmes,
en montant par les coursières, (1) aux carrières de

(1) C'est le nom local que l'on donne aux chemins qui
abrègent les distances, en coupant les nombreux lacets des
routes des montagnes d'Auvergne.

basalte que l'on exploite au haut du grand tournant,
pour l'entretien de la route, et que celle-ci coupe en
deux. Notre attention fut attirée sur une matière d'un
blanc mat, d'aspect cristallin qui se montre sur les
fragments de basalte; et nous constatâmes que c'était
une matière zéolithique. Les carriers nous en donnèrent
des échantillons assez nets; lorsqu'ils arrivent, nous
dirent-ils, à une cavité, en cassant ce basalte qui est
très-homogène et très-compact, ils observent dans la
cavité une masse humide, dont l'eau (1) s'évapore peu à
peu, en abandonnant un dépôt blanc pulvérulent; si
l'on enlève ce dépôt, on arrive à découvrir des cristaux
sous-jacents, qui, examinés à la loupe, offrent des
pointements brillants à quatre faces rhomboïdales; c'est
encore do la christianite. Nous avons d'ailleurs trouvé
des cristaux ayant 3 à 4 millimètres de longueur
bipyramidés, parfaitement reconnaissables à simple vue;
par conséquent, les uns étaient limpides et avaient la
forme d'un prisme carré surmonté d'une pyramide
quadrangulaire posée sur les angles du prisme, ou bien
d'un dodécaèdre rhomboïdal, par rapprochement des
deux pyramides; les autres étaient d'un blanc mat;
j'ai observé des groupes maclés, tels que les figure
M. Descloizeaux, *Manuel de Minéralogie*, planche

(1) M. E. Laval a constaté dans cette eau la présence du
chlorure de potassium, et d'une substance organique.

XXXI, fig. 161. Ces échantillons étaient beaucoup plus nets que ceux de la Chaux de Bergonne, et surtout que ceux du puy de la Velle.

M. Pisani, qui, à ma prière, a bien voulu faire l'analyse de la christianite de Prudelles, a trouvé les résultats suivants :

Silice	45,10
Alumine	24,20
Chaux	7,80
Potasse	7,00
Soude	0,64
Eau	16,34
Total	101,08

Composition assez voisine de celle des cristaux de Capo-di-Bove et de la Somma, que Marignac a analysés.

A côté de ces cristaux, et souvent les empâtant, nous avons observé une matière compacte, blanc-verdâtre, qui rappelle un peu l'aspect de la stéatite.

Elle ne paraît pas complètement attaquable par les acides, même à chaud. Un essai m'a donné de la silice, de l'alumine, de la chaux et de l'oxyde de fer, ce dernier corps en faible quantité. M. Pisani rapporte cette substance à la laumonite.

M. E. Laval me communique l'analyse suivante, qu'il a faite de cette matière verdâtre :

Silice................ 46,0 soit, comme proportions d'oxygène 8

Alumine............ 21,0   —   —   3

Chaux............. 2,2

Magnésie.......... 1,2

Potasse............ 4,0   —   —   1

Soude............. 5,2

Protoxyde de fer. traces.   —   —   2

Eau............... 19,8   —   —   6

Total 99,4

La formule qui en résulte $3\,\ddot{Al}\,\ddot{Si}^2 + \dot{R}^3\,\ddot{Si}^2 + 18\,H$ diffère de celle de la laumonite normale par une plus grande proportion d'eau.

Aux gisements dont je viens de parler, il convient d'en ajouter trois autres encore, dont la connaissance est toute récente.

Le premier, visité, sur ma prière, par M. E. Laval, est le plateau des Côtes ; la christianite se trouve disséminée dans un basalte compacte, et M. Laval en a recueilli de petites géodes, où les cristaux sont discernables à l'œil nu. J'ai trouvé l'indication du second gisement dans la série des roches de la collection Lecoq, que le conservateur, M. Lamothe, a mise à ma disposition, avec une obligeance, dont je le prie de recevoir ici mes vifs remerciments ; c'est un petit monticule au-dessus du village d'Aubière, et la roche, qui en provient, est un basanite variolitique

Gisements divers de christianite, Gergovia, Aubière, les Côtes. MM. Laval et Gonnard. 1872.

à nombreuses vacuoles (1), remplies, les unes d'aragonite légèrement rosée, les autres, de petits cristaux assez allongés de phillipsite limpide.

M. Lecoq, parle de ce basalte amygdalaire, que l'on rencontre au delà des dernières maisons du village d'Aubière, sur une colline à plusieurs branches. — « Au-dessus du village, dit-il, le basalte est abondant; il recouvre les calcaires, et il est exploité pour l'entretien des routes. Là, on voit partout le calcaire mêlé au basalte, qui, parfois, est un peu scoriacé; et, selon toute probabilité, on n'est pas très-loin du point d'éruption d'où ce basalte est sorti. De gros blocs sont criblés de vacuoles, comme les basaltes altérés de Gergovia, et l'intérieur de ces cavités est rempli de calcaire et d'aragonite, quelquefois rose ou violacée.... » M. Lecoq ne parle pas de cristaux de christianite, très-nets pourtant, que renferment aussi les vacuoles de la roche.

Quant au troisième, c'est dans une excursion faite au plateau de Gergovia, au mois d'avril de cette année, que j'ai observé, en montant par le ravin qui part du domaine de Bonneval, des cristaux toujours très-petits de christianite limpide dans un basalte compacte, qui recèle également des concrétions calcaires.

(1) Époques géologiques, tome 2. — Page 499.

Ainsi, au fur et à mesure que j'ai examiné avec attention les divers basaltes anciens de la vallée de l'Allier, j'ai reconnu un plus grand nombre de gisements zéolithiques, ou plutôt, j'ai constaté la diffusion des zéolithes dans ces roches, non pas seulement quand elles se trouvent en relation avec les terrains tertiaires, comme à la Chaux de Bergonne, au puy de la Velle, à Gergovia, aux Côtes, mais encore quand elles reposent sur le terrain primitif, comme à Prudelles.

Enfin, outre les divers gisements zéolithiques, que j'ai énumérés et discutés, il en est un, récemment découvert par M. A. Julien, actuellement professeur de géologie à la faculté de Clermont-Ferrand ; ce dernier gisement, bien que peu important au point de vue de l'abondance et de la beauté des échantillons que l'on y chercherait, n'en offre pas moins un intérêt capital, relativement à la genèse des minéraux, qui font l'objet de cet opuscule. C'est le puy de la Poix (1), petite butte presque insignifiante de pépérite basaltique, souvent confondue avec le puy de Crouël, et qui est située à environ 5 kilomètres de Clermont-Ferrand, à quelques centaines de mètres à peine, à gauche de la route qui conduit au Pont-du-Château ; du pied de cette butte

Puy de la Poix.
Observations
de M. A. Julien,
1866-1870.
Recherches
de MM. Laval
et Gonnard.
1871-1872.

(1) Ce serait orthographier plus justement que d'écrire le Puits-de-la-Poix.

s'échappe une source saline, sulfureuse et bitumineuse,
dont l'eau offre la composition suivante :

(J'emprunte cette analyse à l'ouvrage de M. Lecoq :
Les eaux minérales du massif central de la France,
etc. Paris, 1865.)

Chlorure de sodium.......... —	70, gr. 9170]
Sulfure de sodium........... —	0, 3869
Sulfate de soude............ —	7, 9481
Carbonate de soude.......... —	traces
Chlorure de potassium....... —	traces
Chlorure de magnésium...... —	0, gr. 5713
Carbonate de magnésie....... —	0, 1550
Carbonate de chaux.......... —	2, 0400
Carbonate de fer............ —	0, 1300
Soufre et silice............. —	traces
Bitume et matières organiques—	0, gr. 1520
Perte....................... —	0, 2597

Total des poids des sels par litre d'eau. 82, gr. 5600

Depuis longtemps, la butte de pépérite et la source
ont été l'objet de l'examen des chimistes et des géologues.

Dès 1759, Guettard en donnait la description suivante :

« Les monticules de cette province les plus connus
pour donner du bitume, sont ceux de Crouël et du puy
de la Pège ; (1) celui-ci est séparé en deux têtes, dont
la plus haute peut avoir douze à quinze pieds, et l'autre

____

(1) Nom patois du puy de la Poix.

un peu moins ; le plus petit fournit plus de bitume que
l'autre ; deux ou trois endroits le donnent en liquide ;
ce monticule regarde le nord. Il est composé d'une
pierre plus ou moins tendre, bleuâtre, parsemée de
tâches noires, qui sont de bitume ; le tour de ces tâches
est blanc ou jaunâtre ; quelques-unes de ces pierres
sont noirâtres, sans tâches ; d'autres ne sont qu'en
partie tavelées et en partie noirâtres ; il y a des morceaux d'un brun roussâtre avec des tâches circulaires,
gris de fer foncé ; des morceaux sont incrustés de
bitume dur et brillant ; d'autres le sont d'une matière
jaunâtre, spatheuse et presque cristallisée ; plusieurs
sont parsemés de points pyriteux, d'un jaune particulier aux pyrites. A côté de ce monticule, il y a une
petite élévation d'environ trois pieds de hauteur sur
quinze de diamètre ; il paraît, selon M. Ozy, que cette
élévation n'est formée que du bitume qui se dessèche à
mesure qu'il sort de la terre ; la source est au milieu
de cette élévation ; si l'on creuse en différents endroits,
autour et en dessous de cette masse de bitume, autant
qu'il est possible, on ne trouve aucune apparence de
rocher. »

Depuis Guettard, bien des naturalistes ont étudié ce
curieux gisement, Delarbre, Lecoq et Bouillet, etc. ;
mais ils paraissent n'avoir rien vu de plus, au puy de
la Poix, que l'association du sel marin, du soufre, de

la pyrite, de la calcédoine et du bitume, association déjà fort intéressante d'ailleurs, Mais, en 1866, M. A. Julien observa dans la wackite de petits cristaux blancs, opaques, à forme octaédrique, à arêtes légèrement courbes, analogues, sauf l'éclat, à ceux du puy de la Piquette, et qu'il crut appartenir à l'apophyllite; il nous communiqua cette observation à M. E. Laval, et à moi. J'eus lieu, en août 1871, de faire une excursion au puy de la Poix avec plusieurs personnes s'occupant de minéralogie, et je réussis à obtenir d'assez gros cristaux empâtés dans le bitume; mais ces cristaux n'appartiennent pas à l'apophyllite.

Leur forme octaédrique, quoique n'ayant, même au premier abord, aucune analogie avec celle de l'apophyllite, peut facilement tromper l'observateur; et si l'on ajoute que la courbure des arêtes et le peu d'éclat des faces, le plus souvent souillées de bitume, s'opposent à toute mesure d'angles, il sera aisé de comprendre l'erreur commise.

En réalité, cette substance, d'après l'étude qu'en a faite M. Damour, à qui je l'ai communiquée, se compose, en majeure partie, de carbonate de magnésie, auquel s'adjoignent de petites quantités de carbonate de chaux et de carbonate de fer; c'est donc un giobertite calco-ferrifère.

Sa forme est un rhomboèdre basé, qui simule assez

bien l'octaèdre ; on observe assez fréquemment cette variété cristalline sur certains cristaux de calcite. Elle se laisse rayer facilement par une pointe d'acier; elle est infusible, et se dissout avec effervescence, à chaud, dans l'acide nitrique.

M. Damour a de plus constaté, en examinant, avec une forte loupe, ces cristaux de giobertite, qu'ils sont recouverts d'une couche très-mince d'une matière globulaire, qui ressemble, en très-petit, à la calcédoine guttulaire, mais qui pourrait bien être aussi une zéolithe concrétionnée, telle que la variété de stilbite, qu'on a nommée puflérite.

Quoiqu'il en soit, l'existence de la giobertite au puy de la Poix, est assurément très-digne de remarque.

Dans de nouvelles recherches faites en 1870, M. A. Julien remarqua qu'à ces cristaux s'adjoignaient quelques zéolithes dans les fissures de la wackite, voisines de la sortie de la source, et, parmi ces zéolites, la mésotype. Je ne fus pas assez heureux pour rencontrer cette espèce ; mais, M. Laval, sur ma demande, eut l'obligeance de m'envoyer plusieurs échantillons de wackite de cette provenance, où je reconnus très-nettement la mésotype en petits cristaux translucides, un peu souillés de bitume, mais parfaitement distincts ; une immersion un peu prolongée des échantillons dans le sulfure de carbone, débarrasse d'ailleurs les cristaux du bitume qui les empâte.

La wackite qui sert de gangue à cette zéolithe, et peut-être aussi à quelques autres, analcime, chabasie, entrevues plutôt que reconnues véritablement, par M. A. Julien, est une roche de nature très-variable. La pierre franche est dure au point de rayer le verre; elle renferme, çà et là, des traces de pyrite. J'en ai pris la densité, qui est de 2,478. A la surface de la butte, elle s'égrène et devient friable; elle est parfois très-imprégnée de matière zéolithique, et rappelle alors un peu, quoique plus noire, l'aspect de la pépérite du puy du Mur.

Voici donc un gisement tout différent de ceux qui recèlent les zéolithes en Auvergne, et dont les roches, sauf pour le puy de la Piquette, paraissent rentrer dans la classe de celles que M. Delesse désigne sous le nom de roches trappéennes. Peut-être s'y forme-t-il encore de nos jours des zéolithes, de même qu'il se dépose encore du bitume, du soufre et de la silice sur les parois de la source !

Genèse des zéolithes. Hypothèses diverses. De quelle manière les zéolithes ont-elles pris naissance dans les roches volcaniques anciennes ? Comment ces hydrosilicates naturels s'y sont-ils formés, ou y ont-ils été amenés ? C'est à la solution de cet intéressant problème que se sont tout d'abord appliqués les naturalistes qui les ont observés. Je vais examiner successivement les diverses hypothèses, auxquelles cette recherche a donné lieu, et dans l'ordre chronologique où elles se sont produites.

L'opinion émise par le premier naturaliste que j'aie cité, M. Pazumot, et qui est la conclusion de son *mémoire sur la zéolithe,* est que la zéolithe, se trouvant contenue dans des pépérinos, est une reproduction de la décomposition des terres volcanisées.

Faujas de Saint-Fond, ayant recueilli surtout les zéolithes des basaltes très-compacts et très-durs, de Rochemaure, près de Montélimar, n'adopta pas la théorie de Pazumot. Dans son mémoire sur la zéolithe, imprimé à la suite de celui de Pazumot, il commence, après avoir cité l'analyse qualitative de la zéolithe par le chimiste Sage, qui regardait ce minéral comme composé de quartz et de terre calcaire, par faire une minutieuse revue des zéolithes décrites par Romé Delisle, dans sa cristallographie ; puis il passe à celles du cabinet de M. le chevalier de Born, et à leurs matrices (*gangues*), et enfin à celles de Pazumot. Faujas donne enfin une mention exacte de toutes les zéolithes qu'il possède, et des roches très-diverses, volcaniques et autres, qui constituent leur gangue ; et, de cet examen, il déduit les conclusions suivantes :

1° La zéolithe est une pierre mixte et de seconde formation, produite par l'union intime de la matière calcaire avec la terre vitrifiable.

2° La voie humide est en général celle que la nature emploie ordinairement pour la formation de cette pierre, et la plupart des zéolithes qu'on trouve dans les laves et dans le basalte y sont étrangères, et y ont été prises accidentellement pendant que la matière était en fusion.

3° Les eaux ont pu et peuvent encore attaquer la zéolithe engagée dans les laves, la déplacer et la déposer en lames, quelquefois même en petits cristaux dans les fissures du basalte.

4° Les feux souterrains doivent aussi former des combinaisons de la matière calcaire avec la terre vitrifiable, ou de la terre vitrifiable avec certaines substances salines, propres à servir de base aux zéolithes ; mais, il faut toujours que l'eau vienne perfectionner ce que le feu n'a fait qu'ébaucher.

Ainsi, dès le principe, deux opinions, touchant la genèse des zéolithes, se trouvent en présence, qui sont nettement opposées l'une à l'autre ; la première qui donne à ces minéraux une origine ignée, la seconde qui attribue leur formation à la voie aqueuse.

Dolomieu, adoptant en partie les idées de Faujas,

vint à son tour soutenir que la zéolithe avait été formée dans les laves anciennes, par suite de l'infiltration des eaux à travers ces laves.

L'abbé Lacoste, dans ses observations sur les volcans de l'Auvergne (1), rejette l'opinion de ce célèbre géologue, se fondant sur quelques essais de cabinet, touchant la compacité des laves anciennes.

« Tout annonce, dit-il, que la zéolithe s'est formée en même temps que la lave, ou qu'elle a été happée par la lave, lorsqu'elle était fluide encore. »

Et plus loin, l'abbé Lacoste paraît se rallier à la première de ces deux hypothèses, et repousser l'idée de préexistence de la zéolithe à la lave. « Je croirais, ajoute-t-il, cette opinion plus vraisemblable, par cela seul que certaines zéolithes paraissent n'avoir pu prendre naissance que dans la lave fluide, et que tout fait présumer que toutes doivent leur origine à la même cause, parce qu'elles n'offrent que de très-légères différences entr'elles. » Il termine par cette réflexion, plus scientifique que celles qu'il émet d'ordinaire : « Pour concevoir comment la zéolithe a pu s'engendrer, dans les laves, il faut se faire des idées justes du mode de production de ces laves ; il ne faut pas imaginer, comme je l'ai déjà dit, que le feu soit le seul agent des

(1) Voir les notes, page 165 et suivantes.

5

volcans ; il faut se persuader que l'eau joue un grand rôle dans les phénomènes qu'ils offrent. »

Passant sur la lutte que se livrèrent pendant plus d'un demi-siècle les neptuniens et les plutonistes, j'arrive aux travaux de MM. Daubrée et de Délesse, qui ont éclairé d'un jour si vif le sujet qui nous occupe, la genèse des zéolithes.

Durocher.
Essai
de Pétrologie
comparée.

Déjà, M. Durocher, dans son essai de pétrologie comparée (1), après avoir reproduit la remarque de Ch. Sainte-Clair Deville, que les zéolithes peuvent être regardées comme des feldspaths hydratés, avait émis cette idée, qu'en se solidifiant, certaines roches basiques, comme le basalte, ont retenu de l'eau qui a donné naissance à des hydrosilicates aluminifères de la famille des zéolithes.

Daubrée.
Observations
sur le
métamorphisme.

Dans ses observations sur le métamorphisme, M. Daubrée dit : « Les minéraux de cette famille (les zéolithes) font partie constituante de certaines roches, notamment des basaltes et des phonolithes. Tantôt les zéolithes sont disséminées dans le tissu de la roche, tantôt elles sont concentrées dans les boursouflures.....

Et, plus loin : « Il est très-possible que les zéolithes qui font partie essentielle des roches éruptives, et qui

(1) Ann. des mines, 5ᵉ série, tome 2. — 1857.

se trouvent aussi dans les dépôts métallifères, se soient
formées quand le refroidissement était déjà très-avancé.
Des faits géologiques peuvent confirmer cette idée.
Ainsi, de nombreux fragments de calcaire tertiaire
d'eau douce, qui sont empâtés dans le tuf basaltique
du puy de la Piquette, en Auvergne, se sont aussi
imprégnés de zéolithes. La mésotype et la stilbite sont
venues tapisser les cavités laissées par les larves des friganes, sans que la roche calcaire ait subi d'altération
sensible (1).

M. Delesse fait de nombreux emprunts à MM. Lecoq
et Bouillet, touchant les gisements zéolithiques de
l'Auvergne, notamment ; je les lui emprunte à mon
tour avec les développements qu'il y ajoute.

Il signale l'association du lignite avec les zéolithes
du puy de la Piquette. (*Métamorphisme de la roche
encaissante,* basalte et calcaire lacustre.)

Au puy de la Piquette, dit-il, un tuf basaltique
enveloppe des fragments du calcaire lacustre de la
Limagne, qui sont très-facilement reconnaissables, et

*Delesse,
Études sur le
métamorphisme.*

______

(1) Notons, en passant, que le mot stilbite doit être rem-
placé par celui d'apophyllite. Si je reviens encore d'autres
fois sur ces erreurs, c'est qu'elles sont vulgarisées par les travaux d'ensemble de savants géologues, qui se servent des
monographies locales, sans avoir pu parfois les contrôler par
eux-mêmes.

dans lesquels on distingue encore une grande quantité de lymnées. Ce calcaire est tantôt terreux, tantôt compacte; quelquefois, il est très-dur et traversé par des veines siliceuses. Il est complètement pénétré de mésotype, qui s'est développée jusque dans l'intérieur des lymnées. Une analyse de M. J. Leibig a d'ailleurs constaté que cette mésotype contient de la chaux. (*Lecoq et Bouillet, vues et coupes,* p. 21. — *Kleinschrod, Uebersicht eines theils der Auvergne, Hertha,* tome XIVe, p. 24. — *Von Leonhard, die basaltgebilde,* tome 1er, p. 227.)

C'est dans l'intérieur des tubes des indusies que la mésotype et surtout l'apophyllite se sont particulièrement développées.

A propos du puy de Marman, son tuf basaltique, dit-il, renferme aussi de gros blocs de calcaire lacustre celluleux. Or, au voisinage d'un filon de basalte, ce calcaire est devenu plus ou moins lithoïde; en même temps, ses cavités ont été tapissées par des cristaux de Stilbite, de Chabasie et de Dolomie (1).

M. Delesse continue : « J'ai examiné un échantillon

(1) J'ai déjà fait observer que les deux premiers de ces minéraux n'existaient pas dans ce calcaire siliceux, et qu'il y avait eu erreur de la part des observateurs.

de ce calcaire zéolithique du puy de Marman (1) ; il avait une couleur brun-noirâtre, et sa structure n'était pas cristalline. Calciné, il a donné une chaux blanche, et sa perte s'est élevée à 46, 50.

« Dans l'acide, il n'a laissé qu'un résidu extrêmement faible, qui pesait seulement quelques millièmes. Il est donc évident qu'il n'a pas été silicifié, comme on l'admet ordinairement ; mais, ses parcelles calcaires se sont simplement cimentées, et, en même temps, elles ont été imprégnées par une petite quantité de zéolithes (2).

» Il importe de remarquer que les calcaires de l'Auvergne, dans lesquels il s'est développé des zéolithes,

(1) Y avait-il des zéolithes sur l'échantillon examiné, ou cet échantillon provenait-il simplement du gisement où MM. Lecoq et Bouillet ont indiqué Stilbite et Chabasie ? L'auteur n'en dit rien ; mais, je serais disposé à m'arrêter à cette dernière hypothèse.

(2) Ainsi que le font remarquer MM. Lecoq et Bouillet, le calcaire siliceux de Marman offre de grandes variations dans sa dureté, et par suite aussi dans sa richesse en silice ; l'essai fait sur un seul échantillon ne prouve donc rien contre la silicification du calcaire dont il s'agit, ni en faveur de l'hypothèse de sa pénétration par des zéolithes, qui, d'ailleurs, n'existent pas. On me reprochera peut-être d'être trop affirmatif ; mais, malgré plus de trente excursions au puy de Marman et de la Piquette, malgré l'inspection de très-nombreux échantillons de ces provenances, dans diverses collections, je n'ai pu trouver trace de ces minéraux.

n'ont pas pris la structure cristalline. Ils ont généralement conservé leurs matières organiques ou bitumineuses, ainsi que leur couleur grise, brune ou noirâtre.
On y reconnaît encore très-bien la trace des indusies,
des lymnées et des fossiles d'eau douce ; par conséquent, une température élevée n'est aucunement nécessaire à la formation des zéolithes.

« Par cela même que les zéolithes s'observent dans
des calcaires qui se dissolvent sans laisser de résidu,
on voit aussi, que, contrairement à l'opinion de certains
auteurs, ces minéraux ne proviennent pas toujours de
substances immédiatement fournies par la roche dans
les cavités de laquelle ils ont cristallisé. Il faut reconnaître cependant qu'ils sont beaucoup plus rares dans
les roches calcaires, que dans les roches argileuses et
siliceuses. »

Outre le puy de la Piquette, sur les roches duquel
Delesse revient plus loin, et le puy de Marman, il cite
la pépérite basaltique de Vertaizon, qui, dit-il, est
cimentée par de la mésotype accompagnée d'aragonite
et d'hydroxyde de fer (1).

______

(1) La citation de M. Delesse est inexacte, et le pépérite à
ciment de mésotype dont il parle n'existe pas à Vertaizon,
mais bien sur la rive gauche de l'Allier, près de Cournon.
La collection de M. Lecoq en offre, notamment, un fort bel
échantillon.

La montagne de Gergovia devait trouver place dans un ouvrage tel que les *Études sur le métamorphisme* et, en effet, l'auteur consacre, à deux reprises, quelques pages à sa description, au moins en ce qui a trait aux questions de métamorphisme; je m'empresse de les reproduire :

« Le basalte de Gergovia, dit-il, est compacte, à éclat lustré ; on y distingue très-bien des grains de péridot. Il se fritte, quand on le calcine, et sa perte au feu est alors de 4, 67.

» La pépérite calcaire appartient au terrain d'eau douce. Elle contient des débris de diverses roches, et même des grains de quartz et de feldspath, son ciment est calcaire ; elle a une couleur blanche ou verdâtre. Au voisinage du basalte, cette pépérite devient brune ou noirâtre, et, en même temps, lithoïde et celluleuse. Elle est alors imprégnée par divers minéraux qui tapissent ces cellules. Ces minéraux sont : la stilbite, la mésotype, la chaux carbonatée, l'aragonite, la calcédoine (1). Elle est surtout pénétrée par des filons ou des veines irrégulières de calcaire siliceux. Ce calcaire a une couleur gris-brunâtre foncé, une texture compacte, une cassure conchoïde. Lorsqu'il devient très-

(1) J'ai déjà fait une observation sur l'existence de la stilbite de Gergovia. Peut-être a-t-on désigné sous ce nom la christianite qui s'y rencontre, mais rarement.

siliceux, il passe à un quartz résinite, ayant un éclat très-vif, une couleur noire, blanche, verte, brune ou veinée de diverses nuances. J'ai calciné un échantillon vert-blanchâtre, qui était traversé par quelques veines de calcédoine ; il renferme 5, 50 d'eau. Ce quartz résinite est donc une opale grossière. A la surface des fragments calcinés, j'ai remarqué d'ailleurs des ampoules microscopiques, provenant sans doute de la usion de zéolithes qui se sont développées jusques dans le quartz résinite (1).

» Le calcaire siliceux et le quartz résinite, qui est souvent stalactiforme, ont évidemment une origine aqueuse. Il est très - vraisemblable qu'ils ont été déposés par des eaux chargées de substances minérales, qui ont accompagné ou suivi les éruptions volcaniques. »

Plus loin, M. Delesse, revenant sur Gergovia, s'exprime ainsi : « Dans le grand ravin de la montagne de Gergovia, il est, en effet, très-facile d'étudier l'action du basalte sur une pépérite calcaire.

« Cette pépérite change complètement de caractère au voisinage des filons de basalte qui la traversent. Les couches sont contournées ; leur stratification est confuse et elle disparait même entièrement. A mesure qu'on se

____

(1) Assertion un peu hasardée.

rapproche du basalte, la pépérite, qui est très-jaunâtre, prend une teinte de plus en plus foncée ; d'argileuse qu'elle était, elle devient dure et lithoïde ; en même temps des cellules y apparaissent peu à peu, et elle ne tarde pas à montrer une structure celluleuse bien caractérisée ; en un mot, elle passe au spilite. Comme on l'a vu précédemment, ses cellules sont d'ailleurs tapissées par de la chaux carbonatée, par de l'aragonite et par des zéolithes.

» C'est près du contact que l'action du basalte était la plus énergique ; aussi, la pépérite s'y est-elle métamorphosée en un spilite très-scoriacé, qui forme des rochers abruptes et saillants. »

M. Delesse donne la description de plusieurs échantillons de pépérite ; j'en citerai deux, dans lesquels il a constaté l'existence de zéolithes.

Pépérite n° 3. — Elle est noirâtre ou brunâtre et lithoïde. Ses cellules sont tapissées d'aragonite et de mésotype. Elle fond en une scorie noire par calcination ; son effervescence est très-faible. Sa densité est 2, 4.

Pépérite n° 6. — Elle est tellement celluleuse qu'elle est légère comme de la ponce. Ses cellules sont arrondies, à peu près égales. Les cloisons qui les séparent sont minces, poreuses, et il s'y est formé des cellules plus petites. Leur intérieur est tapissé par une zône mince de zéolithe mamelonnée. Par-dessus, il y a quelquefois de la chaux carbonatée et de l'hydroxyde de fer.

....

« Il est facile de se rendre compte du métamorphisme qui a été subi par la pépérite calcaire de Gergovia. Au voisinage du filon de basalte, son carbonate de chaux a été décomposé, et l'acide carbonique se dégageant avec la vapeur d'eau a nécessairement produit la structure celluleuse. En même temps, de l'eau chaude, tenant en dissolution différentes substances, a réagi sur les éléments volcaniques de la pépérite, et, comme l'a fait voir M. Bunsen, elle les a plus ou moins métamorphosés en palagonite. De plus, de la chaux carbonatée, de l'aragonite et des zéolithes ont tapissé les cellules. Postérieurement, il s'est encore formé des veines de calcaire siliceux et de quartz résinite. Au contact du basalte, où l'action était plus énergique, la pépérite est devenue plus lithoïde, plus dure et surtout plus celluleuse.

» Les cellules renferment aussi plus d'aragonite et de zéolithes. Tous les caractères de la pépérite métamorphique indiquent bien l'intervention de la chaleur, et même une sorte de fusion ; mais, M. G. Bischof a reconnu que le carbonate de chaux, mélangé à la silice, peut perdre son acide carbonique à la température de l'eau bouillante. En outre, la pépérite celluleuse con-

tenant toujours de l'eau, et même jusqu'à 15 0/0, lorsqu'elle est en contact du basalte, il est bien visible que
l'eau a joué le rôle le plus important dans le métamorphisme. Elle a pénétré la roche qu'elle a rendue
pâteuse, et, par son intervention, il s'est formé des
hydrosilicates qui se sont durcis à la manière des mor-
tiers. Par conséquent, la pépérite n'a pas éprouvé une
fusion ignée, mais bien une fusion aqueuse.»

Tels sont les principaux passages des études sur le
métamorphisme, qui se rapportent à la genèse des
zéolithes en général, et à la formation de ces minéraux
dans trois des principaux de leurs gisements dans le
département du Puy-de-Dôme.

Le mémoire de M. Daubrée sur la relation des
sources thermales de Plombières avec les filons métallifères, et sur la formation contemporaine des zéolithes,
vient achever encore de dissiper ce qui pouvait rester
de vague et d'incertain dans cette intéressante question, en montrant comment la nature a opéré à une
époque historique, comment elle opère de nos jours.
M. Daubrée a été assez heureux pour trouver ouvertes
les portes de son laboratoire, assez habile pour y saisir
ses procédés; et les résultats de ses observations sont
formulés dans les conclusions suivantes :

«Après avoir constaté que la formation des zéolithes

*Daubrée. Rela-
tion des Sources
thermales de
Plombières avec
les filons
métallifères, et
formation con-
temporaine des
zéolithes.*

dans les maçonneries des anciens aqueducs de Plombières est due à un courant très-lent, mais continu de l'eau minérale dans ces maçonneries, M. Daubrée émet, dans ses conclusions, les considérations suivantes :

« A la faveur de l'alcali que cette eau renferme, elle réagit graduellement sur certaines des substances qu'elle traverse, et, peut-être même sans véritable dissolution, mais par une sorte de cémentation, y engendre alors des silicates doubles hydratés, qui appartiennent au groupe des zéolithes. La réunion de ces deux circonstances, circulation de l'eau et réaction chimique sont les éléments de ces formations modernes.

» Pour que ces silicates se forment et cristallisent, il n'est pas besoin, à beaucoup près, d'une chaleur aussi élevée qu'on l'a supposé ; une température de 60° suffit du moins pour certains d'entr'eux. Les zéolithes ont par conséquent pu souvent se produire dans les roches sous la simple pression atmosphérique, et à la surface même du sol. »

. . . .

Une même dissolution, en attaquant des roches de diverses natures, y développe donc des combinaisons spéciales à chacune d'elles. Une localisation aussi prononcée de certaines zéolithes parait montrer que leurs éléments n'étaient pas, en totalité, dissous dans l'eau qui imbibait le terrain. L'eau n'en apportait qu'une

partie ; les éléments complémentaires, chaux, alumine
ou autres, nécessaires à la constitution des nouveaux
composés, étaient renfermés, soit dans le mortier, soit
dans les briques qui les ont cédés à l'eau.

. . . .

« Beaucoup de roches d'origine éruptive se sont bour-
souflées dans la dernière période de leur refroidissement ; ces roches, ainsi que les brèches ou tufs, dont
elles sont accompagnées, ont reçu des infiltrations.
L'eau pouvait provenir soit de vapeurs condensées,
soit de sources ordinaires, soit enfin de l'action directe
de nappes d'eau douce ou marines, sous lesquelles les
roches ont dû quelquefois s'épancher. Dans ces deux
derniers cas, en pénétrant dans l'intérieur de la roche,
avant qu'elle fût complètement refroidie, l'eau se trouvait nécessairement échauffée, et, en se mouvant len-
tement sur certains silicates, elle pouvait donc réagir
comme dans les maçonneries de Plombières.

» Il est d'ailleurs possible que l'eau pure suffise souvent pour produire des zéolithes. Les roches volcaniques renferment, en effet, déjà des alcalis parmi leurs
bases. Réchauffée en présence de certains de ces
silicates, l'eau peut devenir bientôt minérale, comme
M. Bunsen l'a reconnu pour la roche d'Islande, nommée Palagonite.

. . . .

» Ainsi, l'opinion qui considère les roches à zéolithes comme résultant d'une modification de roches anhydres, telles que certaines espèces de dolérites et de trachytes, reçoit de ces faits une pleine confirmation. Ces différentes roches paraissent s'être transformées, quand elles étaient déjà consolidées, de même que nos briques se sont imprégnées intimement de zéolithes.

» Les zéolithes ne sont pas nécessairement limitées aux roches éruptives ou aux filons. Depuis longtemps, on connaît la mésotype et la stilbite *(remplacer par apophyllite)* dans les calcaires d'eau douce de l'Auvergne, etc. »

En résumé, il résulte de ce qui précède que les zéolithes, reconnues jusqu'à ce jour dans le département du Puy-de-Dôme, sont les suivantes :

1° *Chabasie*, silicate hydraté d'alumine et de chaux, de formule $\overline{Al}\,\overline{Si}^3 + Ca\,\overline{Si} + 6\dot{H}$; trouvée par moi, en 1871, assez abondamment répandue sous forme de petits cristaux maclés, translucides, à éclat vitreux *(var. phacolithe)* à l'extrémité sud de la Chaux de Bergonne ; elle y est associée à la christianite *(phillipsite de Lévy)* et au mésole (*Feroëlite, thomsonite globulaire*) dans une dolérite amygdaloïde, riche en péridot altéré (*limbilite*).

Je l'avais déjà signalée, en 1869, comme accidentellement rencontrée au puy de Marman sur des échantillons de mésotype altérée, et affectant encore la forme de cristaux maclés, qui, en adoptant la manière de voir de Faujas de Saint-Fond, assez plausible en cette circonstance, proviendraient d'un déplacement, ensuite de l'attaque par les eaux, des cristaux de mésotype préexistants.

La chabasie a été enfin indiquée à Gergovia dans les masses de basalte en décomposition du sommet du plateau, à l'est-sud-est, et au puy de Montaudou. *(Voir précédemment les observations que j'ai faites à propos de ce dernier gisement).*

2° *Analcime,* silicate hydraté d'alumine et de soude de formule $3\ \ddot{Al}\ \ddot{Si}^2 + Na^3\ \ddot{Si}^2 + 6\ \dot{H}$. (*Voir figure 1re*);

Elle a été reconnue, en 1828, par Kleinschrod, dans le tuf trappéen de Pont-du-Château; retrouvée, en 1834, sous forme de petits cristaux blancs, transparents, par Constant Prévost dans les cavités du phonolithe de la Tuillière, au Mont-Dore; s'est rencontrée en petits cristaux blancs, translucides, assez fréquemment associés à la mésotype dans le basalte du puy de Marman, ainsi que dans les cavités du basalte, et les fissures du tuf basaltique de la Tour-de-Boulade, près d'Issoire. *(La collection Lecoq offre quelques jolis spécimens de ces provenances).* (Réunion extraordinaire, du 25 août 1833 au 6 septembre, de la Société géologique de France, à Clermont-Ferrand. — Mont-Dore, séance du 3 septembre).

Citée enfin dans les basaltes en décomposition du Mont-Dore (?).

3° *Laumonite*, silicate hydraté d'aluminé et de chaux, de formule $3\ \ddot{Al}\ \ddot{Si}^2 + \overset{3}{R}\ \ddot{Si}^2 + 18\ \dot{H}$;

La laumonite d'Auvergne, ou, du moins, la substance qui en offre la composition, et que M. Pisani, à qui je l'ai communiquée, rapporte à la laumonite, se présente sous forme de matière compacte, verdâtre et alors un peu translucide sur les bords, donnant de l'eau par calcination dans un tube fermé à un bout et renfermant de la silice, de l'alumine, de la chaux et un peu d'oxyde de fer; elle ne parait pas complètement attaquable par les acides, même à chaud. Elle accompagne la christianite du cap de Prudelles, près Clermont-F^d, et en empâte parfois les cristaux. Nous l'avons observée à ce gisement, M. Laval et moi, en août 1872. Outre cette matière verdâtre, j'ai trouvé aussi, dans le basalte du cap de Prudelles, une matière blanche, amorphe, à structure céroïde. M. Damour, qui en a fait l'essai, l'a trouvée composée en majeure partie de silice et de magnésie unies à une notable proportion d'eau ; cette substance contient aussi un peu d'alumine, de chaux et d'oxyde de fer, elle se rapprocherait de l'espèce

minérale désignée sous le nom de cérolithe par Brei-
thaupt.

4° *Christianite*, silicate hydraté d'alumine, de chaux
et de potasse, de formule $3\,\ddot{A}l\,\ddot{S}i^2 + \dot{R}^3\,\ddot{S}i + 12\,\ddot{H}$
(*Voir figure* **2**me).

Signalée par moi, pour la première fois, en août
1869, comme accidentellement trouvée sur des échantillons altérés de mésotype du puy de Marman ; je l'ai
retrouvée, en 1871, à la chaux de Bergonne, associée à
la phacolite et au mésole ; puis, en 1872, sur les flancs
du puy de la Velle, du côté ouest, en face le village de
Clémensat, dans une lave ancienne amygdalaire
altérée, où elle est associée à la mésolite, et à des
concrétions calcaires et aragonitiques. M. E. Laval l'a
également observée à ce gisement dans un basalte
compacte.

La même année, nous en avons encore, M. E. Laval
et moi, constaté l'existence dans le basalte compacte du
cap de Prudelles, où elle est assez abondamment répandue, et associée ordinairement à la laumonite, et
plus rarement au calcaire et à l'aragonite. Mon frère l'a
trouvée associée au mésole à ce même gisement ; les
échantillons en sont parfois d'une netteté et d'une
fraîcheur remarquables.

Enfin, nous l'avons également reconnue, M. Laval,
dans le basalte des Côtes ; moi, dans celui de Gergovia

(ravin de Bonneval), et dans le basalte amygdalaire d'un monticule au-dessous d'Aubière, près Clermont-Ferrand ; à ce dernier gisement, elle est associée à l'aragonite. J'ai trouvé cette indication dans les roches, classées par canton, de la collection Lecoq.

La christianite d'Auvergne est généralement en cristaux limpides, très-petits, et qui, sans doute, auront été fréquemment pris par les anciens minéralogistes pour des cristaux de mésotype, bien que la pyramide qui surmonte les cristaux de la première espèce soit posée sur les angles du prisme, tandis que, dans la mésotype, elle se trouve sur les arêtes, et que cette dernière soit plus surbaissée.

La constatation de la diffusion de cette espèce dans nos laves anciennes de l'Auvergne, à mesure qu'on les examine plus attentivement, est un fait assurément digne de remarque.

5° *Mésotype*, silicate hydraté d'alumine et de soude ;

6° *Mésolite*, silicate hydraté d'alumine, de chaux et de soude ;

7° *Scolésite*, silicate hydraté d'alumine et de chaux (*Voir figures 3ᵉ et 4ᵉ*).

Je réunis, dans le même groupe, ces trois espèces, qui n'en formaient jadis qu'une, à cause de la difficulté où l'on est de les distinguer, sinon par l'analyse chimique, surtout quand elles existent à l'état fibreux ou aciculaire, ce qui est le cas général pour ces deux dernières espèces en Auvergne.

. L'analyse de Fuchs établit nettement le type de la première espèce, et l'analyse de Guillemin celui de la troisième, dans le Puy-de-Dôme, et le résultat des deux analyses peut se représenter très-approximativement par la formule générale :

$$\ddot{A}t\ \ddot{S}i\ +\ \dot{R}\ \ddot{S}i\ +\ 2\ \dot{H},$$

où R représente la soude pour l'espèce mésotype, et la chaux pour l'espèce scolésite.

La formule des scolésites d'Islande, des Féroë, etc. renferme 3 équivalents d'eau, tandis que celle d'Auvergne, correspondant à 2 équivalents, rentre exactement, comme l'on voit, dans la formule de la mésotype, (*Dufrénoy, Traité de minéralogie.* — 2ᵉ *édition* — *tome IV, page 149*) ; on peut donc dire que la scolésite d'Auvergne est une mésotype calcaire. D'ailleurs, comme le rapporte Delesse, une analyse de J. Liebig constate que la mésotype du puy de la Piquette contient de la chaux (Il serait singulier qu'elle n'en contînt pas, s'étant développée au sein de blocs calcaires).

Quant à l'espèce intermédiaire, la mésolite, outre la constatation spéciale de son existence dans les amygdaloïdes du puy de la Velle, elle doit se retrouver en beaucoup d'autres gisements zéolithiques du département; elle est la transition, le passage, en proportions définies et très-constantes, de la mésotype à la scolésite, quoique se rapprochant davantage de cette dernière.

Les quatre gisements principaux, et les plus remarquables à divers titres, de ces trois dernières zéolithes dans le département du Puy-de-Dôme, sont :

Le puy de Marman, le puy de la Piquette, la Tour-de-Boulade et le puy de la Poix.

Comme il a été indiqué précédemment à diverses reprises, le puy de Marman est depuis longtemps célèbre, classique, par les magnifiques géodes de mésotype, que l'on en a retirées, soit du basalte, soit du tuf basaltique, et par la grosseur, la netteté et la transparence des cristaux de ce minéral, qui, parfois, ont atteint jusqu'à 4^{mm} de côté ; les combinaisons de formes observées sont ordinairement $mb^{1/2}$ et plus rarement $mg^1b^{1/2}$. A ce puy, la mésotype est associée à l'analcime et au calcaire ; mais la première de ces associations est peu fréquente.

Au puy de la Piquette, on trouve réunies l'apophyllite et la mésotype calcaire dans le calcaire siliceux et dans les tubes des friganes ; la mésotype y existe en cristaux nets et bien formés ; mais, le plus souvent, on l'y rencontre sous forme de petites gerbes ou de masses aciculaires ; elle remplace encore l'écorce d'un bois charbonné, empâté dans la pépérite du puy.

La Tour-de-Boulade a présenté une combinaison de formes plus rare que les deux précédentes, et qui paraît ne s'être trouvée qu'à ce gisement ; c'est le prisme à section octogonale, surmonté de la pyramide ordinaire, sans doute mh¹ g¹ b ¹/², forme indiquée d'ailleurs, par Descloizeaux dans son manuel de minéralogie, mais non comme appartenant à des échantillons d'Auvergne. Certains de ces échantillons passent même à la variété de forme dite cylindroïde ; la collection Lecoq en offre plusieurs spécimens très-beaux, sur lesquels il serait intéressant de vérifier, en même temps que la mesure des angles, les propriétés optiques et électriques et la composition chimique. Ils ont, sur leur étiquette, la désignation de Parentignat, comme indication de provenance.

La scolésite s'est rencontrée aussi à la Tour-de-Boulade en masses aciculaires radiées et nacrées (1),

(1) « Le filon de basalte, coupé pour le passage de la route, a présenté de superbes masses de mésotype blanche et bacillaire, ayant tout-à-fait l'aspect de *certains plombs carbonatés*. La plupart de ces masses, de la grosseur du poing, sont composées d'une infinité de faisceaux, partant tous de l'extérieur pour se diriger à l'intérieur et forment ainsi un entrecroisement de masses solides et fasciculées d'un blanc nacré, » *Réunion extraordinaire de la Société géologique à Clermont-Ferrand, 1833.* Cette description ne convient-elle pas nettement à la scolésite ?

ainsi que l'analcime ; l'aragonite en fibres très-fines, et diverses variétés cristallines de chaux carbonatée.

Enfin, le puy de la Poix présente un gisement de mésotype excessivement curieux, comme genèse de ce minéral et comme association avec d'autres minéraux ; dans les fissures de la wacke, on rencontre des cristaux de mésotype plus ou moins recouverts de bitume, ainsi que des cristaux de giobertite et de la calcédoine guttulaire.

Outre ces principaux gisements, ces zéolithes se montrent encore dans les basaltes et tufs basaltiques d'Ardes, du Broc, du puy de la Velle, du pic de Buron, de St-Saturnin, de Gergovia, de Cournon, de Chanturgues, des Côtes, etc. ; mais presque constamment à l'état de nodules radiés ou de masses aciculaires.

8° *Mésole*, silicate hydraté d'alumine, de chaux et de soude ; le mésole d'Auvergne, très-abondant dans les dolérites amygdalaires de la chaux de Bergonne, y est, comme je l'ai dit, associé à la christianite et à la phacolithe.

L'analyse de Pisani conduit à la formule :

$$3 \overset{\cdot\cdot}{A}t\,\overset{\cdot\cdot}{Si} + \overset{3}{R}\,\overset{\cdot\cdot2}{Si} + 8\,\overset{\cdots}{H}$$

qui diffère un peu de celle adoptée pour les mésoles d'Islande, des Féroë, etc. ; elle est très-voisine de celle de la mésolite d'Auvergne, comme on peut le voir, en divisant par le nombre 3 les termes de cette dernière formule, et en la comparant ensuite à celle de la mésolite.

Ayant donné (voir page 46) une description détaillée du mésole de la chaux de Bergonne, je ne reviendrai pas sur ce sujet.

Pour nous résumer, quant à la genèse des zéolithes dans les roches volcaniques de l'Auvergne, nous dirons, adoptant les idées si justes émises par M. Delesse dans ses *Recherches sur l'origine des Roches*, que la zéolithification s'est opérée de diverses manières, suivant la nature des roches où l'on constate la présence de ces hydrosilicates alumineux. La nature a plus d'un procédé à sa disposition pour arriver au même résultat.

Ainsi, dans le basalte, roche toujours plus ou moins hydratée, à la formation de laquelle ont concouru l'eau et la chaleur, secondées par la pression, la présence des zéolithes s'explique naturellement par une sorte de liquation. Pendant le refroidissement du basalte, la vapeur d'eau, emprisonnée dans la masse de la roche, s'est condensée, et, grâce à l'influence de la chaleur longtemps persistante, de la pression et du temps, cet élément important dont les chimistes ne disposent pas toujours, grâce aussi, peut-être, à l'influence de l'acide carbonique, que renferment en plus ou moins grande quantité toutes les laves de l'Auvergne, (1) elle a pu dissoudre une partie des principes constituants de la roche environnante, c'est-à-dire, de la pâte feldspathique, qui entre pour les deux tiers environ dans la composition du basalte, et engendrer ainsi les hydrosilicates alumineux si divers de la famille des zéolithes ainsi que les carbonates calcaires et ferrugineux (sphérosidérite) qui les accompagnent fréquemment. Ce qui justifierait cette manière de voir, c'est que dans des basaltes qui présentent, comme ceux de Prudelles, le plus haut degré de compacité et d'homogénéité, ce n'est pas à la surface que l'on observe la présence des zéolithes, c'est à une certaine profondeur, à partir d'un certain banc, comme disent les carriers. Si ces minéraux étaient des produits d'infiltration d'eaux de la surface dans le basalte, ils auraient évidemment commencé par se déposer dans les parties scoriacées de la surface ainsi que dans les fissures de retrait; or, on n'en trouve pas trace dans ces dernières. De plus,

(1) (Voir les *Nouvelles Observations sur les dégagements du gaz acide carbonique en Auvergne*, par Fournet 1829. *Annales scientifiques d'Auvergne. — Études pétrographiques sur les roches volcaniques de l'Auvergne*, par A. de Lasaulx, *Neues Jahrbuch* 1869). Cependant le concours de l'acide carbonique n'est pas indispensable à l'eau pour l'attaque des roches, comme le démontre l'expérience de Bunsen, citée par M. Daubrée.

quand les ouvriers, en extrayant la pierre, arrivent
à une géode, ils observent parfois qu'elle est partielle-
ment remplie de liquide, qui laisse, par évaporation,
ainsi que je l'ai rapporté précédemment, un dépôt
blanc pulvérulent, au-dessous duquel se trouvent
des cristaux de christianite et d'aragonite.

D'ailleurs, ainsi que le fait remarquer M. Delesse
comme les carbonates disparaissent d'une roche dès
qu'elle commence à se décomposer, lorsqu'on les
observe dans un basalte, on doit en conclure qu'ils y
sont originaires. Et c'est ce qu'on peut constater très-
bien au puy de Marman, du côté de Monton ; là, le
basalte passe au basanite variolitique, tant il est criblé
de globules zéolithiques ; et, par suite de la décomposition de ces globules, ou par le fait même de sa nature, le
basalte se désagrége avec une très-grande facilité d'année en année, et le sable, provenant de cette désagré-
gation, est entraîné par les pluies dans les petits ravins
de cette montagne. Nous avons souvent observé des
géodes mises à nu, par l'effet de cette décomposition
de la roche ; le calcaire et la mésotype qu'elles renfer-
maient étaient comme atteints d'une sorte de pourri-
ture, n'avaient aucune solidité, et se séparaient au plus
faible effort.

Dans la roche franche, au contraire, du côté des
Martres-de-Veyre, lorsque les travaux d'exploitation

des carrières nous ont permis d'examiner un assez grand nombre d'échantillons, nous avons remarqué la parfaite fraîcheur des calcaires que contenaient parfois les géodes.

Enfin, un fait qui nous a frappé au puy de Marman, notamment, c'est que les géodes de mésotype, accompagnées de leur gangue, présentaient souvent autour d'elles, une zône d'une épaisseur plus ou moins grande, dans laquelle le basalte changeait de nature, et prenait l'aspect d'un pépérite, tel que celui du puy de la Piquette, par exemple. Il semblerait qu'il y ait eu une sorte de succion, par l'eau contenue dans la cellule, des éléments solubles de la roche, à une certaine distance du centre de la géode, et qu'on puisse, pour ainsi dire, évaluer la quantité pondérale de basalte nécessaire, pour produire une masse donnée de mésotype.

Ce fait que nous avons observé dans le basalte un peu granuleux du puy de Marman, et dans quelques autres analogues, ne se produit pas aussi nettement dans le basalte compact du cap de Prudelles. Il est à remarquer d'ailleurs, que, tandis qu'à ce dernier gisement le basalte s'épanchait sur le sol primitif, et ne recevait de ce contact (1) aucune action propre à faciliter

____

(1) Le contact du basalte et du granit, à Prudelles, n'a

le développement dans sa masse de matières zéolithiques, au puy de Marman, au contraire, le basalte
traversait de puissantes couches de calcaire siliceux,
et les actions métamorphiques exercées par la roche
encaissante et subies par la roche éruptive, devaient
contribuer singulièrement à développer dans le sein
de la seconde ces belles mésotypes, mésolites et scolésites que connaissent tous les minéralogistes. L'hydratation plus ou moins considérable de la pâte feldspathique du basalte, et la teneur en soude ou en
chaux (1), plus ou moins grande de cette pâte sont
encore des éléments de zéolithification, dont il faut
tenir compte, et qui expliquent le développement plus
ou moins remarquable de ces minéraux, dans tel ou
tel de nos basaltes d'Auvergne, de la mésotype à
Marman, de la christianite à Prudelles, etc.

engendré qu'une couche de bol de quelques centimètres
d'épaisseur. La température du basalte ne devait pas être
très-élevée, pour ne produire que d'aussi faibles effets. (Voir
les *Observations sur les volcans d'Auvergne*, par de Buch,
traduites par Mme de Kleinschrod, 1842).

(1) Le labradorite de diverses laves (voir les analyses
données par M. Descloizeaux dans son manuel de minéralogie),
renferme des proportions de soude variant de 1,37 à 6,06 pour
100, et des proportions de chaux variant de 8,65 à 13,11.

Dans la dolérite, roche dont la température de fusion a dû être beaucoup plus élevée que celle du basalte proprement dit, et, par suite, l'hydratation beaucoup moindre ou presque nulle, (1) le phénomène de liquation, dont nous avons précédemment admis l'existence, n'a pu se manifester. Nous ne trouvons, en effet, aucune trace de zéolithes dans la dolérite, typique pour le Puy-de-Dôme, du puy de Barneyre, il en est de même dans les laves des cheires de l'Auvergne; mais, lorsque cette roche passe au basalte, elle en renferme des quantités microscopiques. C'est ce qu'a constaté M. de Lasaulx dans la lave doléritique de Gravenoire, où la zéolithe se montre sous la forme de petits points blancs (2).

En raison même de la haute température de fusion de la dolérite, le métamorphisme qu'elle doit exercer et subir est nécessairement très-énergique dans son action. C'est ce qu'on peut constater d'une façon très-nette, à l'extrémité sud du plateau de la Chaux-de-

(1) C'est ce qu'on peut constater de nos jours dans les éruptions doléritiques des volcans brûlants.

(2) L'étude microscopique de ces roches est singulièrement facilitée par les plaques minces que taillent MM. Voigt et Hochgesang de Gottingen, et dont, au congrès scientifique de Lyon, de 1873, M. Carl Vogt a montré d'intéressants et nombreux spécimens.

Bergonne, près de St-Germain-Lembron. Là, la dolérite s'est épanchée sur des calcaires et sur des argiles sableuses, rouges et vertes. Nullement zéolithifère au contact de ces dernières, la roche le devient immédiatement à celui des calcaires. Elle les a décomposés violemment, et les vapeurs et les gaz emprisonnés se sont, de tous côtés, fait jour à travers sa masse encore pâteuse ; aussi cette dolérite est-elle criblée de cellules de toutes dimensions et de toutes formes ; elle ressemble parfois à une véritable scorie lavique. La pâte en est grisâtre et grenue ; le péridot qu'elle contenait est altéré, rougeâtre et passe à la limbilite. Les zéolithes calciques, christianite, phacolite et mésole, ces deux dernières surtout, y sont largement développées. Les zéolithes exclusivement sodiques, l'analcime et la mésotype ne s'y montrent pas ; l'élément calcique, fourni par les calcaires sous-jacents, a évidemment dominé,

Si l'on considère les pépérites du puy de la Piquette, de Cournon, etc., on voit que les zéolithes s'y sont peu développées, et sont très-faiblement disséminées dans la pâte ; de même que dans le basalte, elles se sont formées pendant le refroidissement de ces roches ; ainsi, au puy de la Piquette, la mésotype a pris naissance, autour et même à l'intérieur de bois saisis par les masses en fusion et carbonisés par elles, de la même façon qu'au puy de Prudelles, la christianite a parfois entouré d'une enveloppe cristalline un noyau de fer titané. A ce même puy de la Piquette, la pépérite a exercé une action métamorphique évidente sur le calcaire siliceux dont elle a empâté les blocs, dans l'intérieur desquels on rencontre des cristaux d'apophyllite et de mésotype calcaire, le plus souvent en gerbes aciculaires. Au puy de Cournon, cette dernière s'est également rencontrée dans le pépérite, mais très-rarement.

Enfin, et comme si elle avait voulu rassembler dans un petit espace les divers procédés dont elle dispose, la nature offre au puy de la Poix, petite butte insignifiante de quelques mètres à peine de hauteur, de véritables filons zéolithifères. La découverte en est due, ainsi que nous l'avons déjà dit, à M. A. Julien, qui y observa tout d'abord de petits cristaux octaédriques d'un blanc mat, qu'il prit pour de l'apophyllite, analogue à celle du puy de la Piquette, puis, plus tard, des cristaux de mésotype.

La roche, pépérite très-dure et très-différente de celle du puy de la Piquette, imprégnée de silice, dont elle contient des globules calcédonieux, offre d'assez nombreuses fissures, de quelques millimètres à peine d'écartement, tapissées de petits cristaux de mésotype, recouverts de bitume. La roche, proprement dite, n'en contient pas dans sa masse, traversée çà et là de veinules pyriteuses. Quant aux cristaux octaédriques, que M. Damour et M. Pisani rapportent à la giobertite, ils forment de petites druses dans les vacuoles, irrégulières et assez rares, que la pépérite présente.

Il semble que ce soit là, pour l'Auvergne, le pendant des faits observés par M. Daubrée à Plombières; en réservant la question de contemporanéité, ils n'ont pas une moindre importance. Probablement, il y a eu apport de la profondeur de quelques-uns des éléments, silice, soude, chaux, etc., par l'eau de la source, dont j'ai donné l'analyse précédemment; mais, le peu de développement des zéolithes dans la roche du puy de la Poix, qui, pourtant de nos jours encore, est imprégnée de l'eau minérale et bitumineuse de la source, ne permet pas de généraliser cette observation et de l'étendre aux autres gisements zéolithiques du Puy-de-Dôme; et, pour notre compte, nous pensons que, dans les roches hydratées, (pseudo-ignées de M. Delesse) l'origine des zéolithes est due, comme nous l'avons dit, à une séparation des éléments solubles de la roche, à l'aide de la vapeur condensée dans les cellules produites par l'expansion de cette vapeur; dans les roches anhydres (ignées de M. Delesse) elles n'existent, que lorsque ces roches exercent, et subissent par conséquent, ces phénomènes de métamorphisme, étudiés et décrits si minutieusement par ce savant géologue.

F. GONNARD.

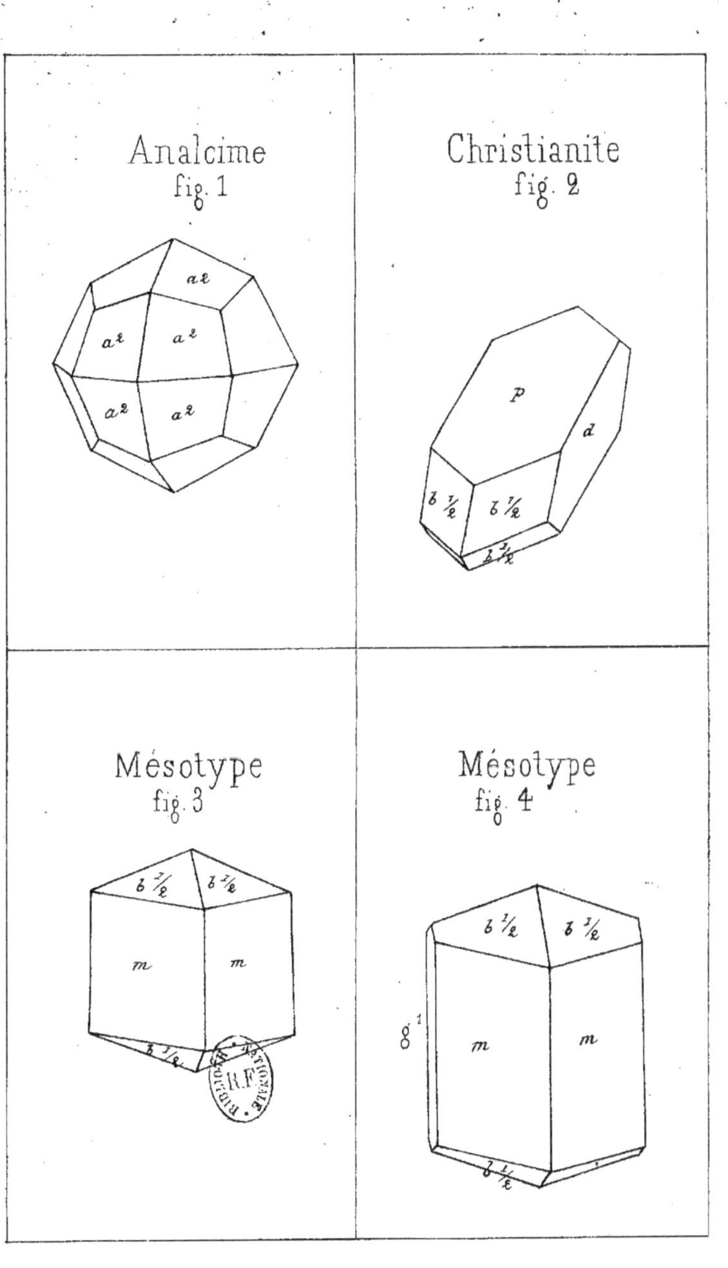

Analcime
fig. 1
a²
a²
a²
a²
a²
Christianite
fig. 2
p
d
b ⁷⁄₂
b ⁷⁄₂
b ²⁄₂
Mésotype
fig. 3
b ⁷⁄₂
b ⁷⁄₂
m
m
b ⁷⁄₂
Mésotype
fig. 4
b ⁷⁄₂
b ⁷⁄₂
g¹
m
m
b ⁷⁄₂